Gespräche mit den Göttern

Gespräche mit den Göttern

Allsherjargode

Bibliografische Information der Deutschen Nationalbibliothek
Die Deutsche Nationalbibliothek verzeichnet diese Publikation in der Deutschen Natio-
nalbibliografie; detaillierte bibliografische Daten sind im Internet über www.dnb.de ab-
rufbar.

Herstellung und Verlag: BoD – Books on Demand, Norderstedt
ISBN 978-3-7557-6790-9

Vorwort

*»Und es werden sich viel falscher Propheten erheben,
und werden viele verführen.« (Matthäus 24, 11)*

Ab dem Jahre 1995 veröffentlichte der Amerikaner Neale Donald
Walsch sein mehrbändiges Werk „Gespräche mit Gott" (Conver-
sations with God). In kurzer Zeit wurden tausende von Exempla-
ren verkauft und über zweieinhalb Jahre hielt sich das Buch auf
der Bestsellerliste der New York Times. Inzwischen wurde es in
34 Sprachen übersetzt und entwickelte sich zu einem Klassiker
der spirituellen Literatur.

Wie war das möglich? Nun, Walsch lieferte dem Publikum etwas
neues: Einen Gott, der nicht stumm ist, sondern der antwortet.
Einen Gott, den man alles fragen kann und der damit den Menschen nahe ist, ja, ein Gott, der selbst menschlich ist und für die
menschlichen Schwächen und Fehler Verständnis hat, und einen
Gott, der sich selbst sogar humoristisch relativiert. Aber vor allem: Einen Gott, der keine Ansprüche an die Menschen hat, der
einfach alles und jeden toleriert. Ein Gott also, der den Menschen
keine Vorhaltungen macht, der nicht verlangt „du sollst ..." bzw.
„du sollst nicht ...", sondern ein Gott, der zu allem, was Menschen so tun, eigentlich nur „ja" sagt.

So ein Ja-Sager-Gott ist populär, keine Frage. Wer will schon
Vorschriften hören, wer will schon hören, daß er bisher nach
ganz falschen Werten gelebt hat? Ein Gott, der alles was wir tun
wohlwollend akzeptiert, der ist ja schließlich viel sympathischer,
als der ewige Spaßverderber-Gott, den wir vielleicht aus der Bibel kennen. Das Buch mußte also ein Bestseller werden. Nur:
Hilft uns so ein Gott tatsächlich weiter? Werden wir glücklich

werden, wenn wir einfach machen, was wir wollen? Gibt es im Leben für uns denn keine Verpflichtungen, und kann man „Gut" und „Böse" so einfach relativieren, wie es Walsch mit seinem Gott tut? Er läßt seinen Gott z. B. sagen (I., S. 83):

»Ich liebe das „Gute" nicht mehr als das „Schlechte". Hitler ging in den Himmel ein. Wenn ihr das begreift, begreift ihr Gott.«

Das Gottesbild, welches sich in diesen Büchern findet, hat mit den wahren spirituellen Wesenheiten des Kosmos rein gar nichts zu tun. Es ist eine populäre Fiktion, die allein von Herrn Walsch stammt. Wer sein Gottesbild von dieser Fiktion ableitet, der setzt auf das falsche Pferd. Und deswegen sind diese Bücher für ernsthaft Suchende ein Irrweg.

Dabei ist schon der Ansatz falsch: Ein Gott? Gibt es wirklich nur einen einzigen Gott? Alle alten Kulturen verehrten jeweils mehrere Götter, und selbst im Alten Testament finden sich deutliche Hinweise darauf, daß dort auch ursprünglich von mehreren Göttern die Rede war, bevor Massoreten und Schriftgelehrte, später noch Theologen, die Texte so änderten oder interpretierten, daß nun nur noch ein Gott als einziger Gott übrig blieb. Es geht also darum, den Menschen nicht irgendeine Fiktion, ein Wunschbild von Gott zu verkaufen, um ihn damit auf einen falschen Weg zu bringen, sondern es geht darum Wille und Intention der wahren Götter zu erkennen. Diese Götter buhlen in ihren Antworten nicht um Beliebtheitspunkte, sie haben es nicht nötig, wie ein Politiker Wahlkampf zu betreiben, diese Götter biedern sich nicht bei zeitgeistgesteuerten Menschen an, sondern sagen, was richtig und notwendig ist, auch wenn wir es nicht hören wollen.

Das Buch von Herrn Walsch ist also nur dafür ein Zeugnis, wie ein Herr Walsch seinen Gott gerne haben will, wobei er sicher auch noch die Brieftasche im Auge behalten hat.

Auf ganz verschiedene Weise kann man und konnten unsere Vorfahren mit den Göttern in Verbindung treten und von Ihnen erfahren, was Ihr Wille ist. Die Götter selbst finden Wege, sich den Menschen mitzuteilen, wenn Sie es für nötig erachten.

Ich bin seit 1982 Priester und seit 1989 oberster Priester der Götter und erkunde Ihren Willen, trete mit Ihnen in Verbindung und höre auf Ihre Eingebungen. In der Regel treten helfende Geistwesen als Vermittler auf, die die Verbindung zwischen Göttern und Menschen herstellen. Leider sind heutzutage nur noch sehr wenig Menschen medial veranlagt und in der Lage, zu hören, was ihnen eingegeben wird. Andere können zwar Eingebungen spüren, stehen aber auf Grund ihres Lebenswandels nur im Kontakt zur niederen Geisterwelt, also zu den Dämonen oder Unholden, die natürlich von der spirituellen Wahrheit nur wenig wissen und auch kein Interesse daran haben, so etwas zu offenbaren.

Im Altertum achtete man daher strikt darauf, daß Priester einen besonders spirituellen Lebenswandel mit zahllosen Tabus einhielten. Römischen Priestern war z. B. verboten, Friedhöfe zu betreten oder zu bestimmten Zeiten Hülsenfrüchte zu essen (wegen deren blähender Wirkung), die Priester der Wenden durften den Tempel zu Arkona (Rügen) nur gewaschen ausfegen und sie durften dabei nicht im Tempel ausatmen, um diesen nicht mit ihrem durch die Fegearbeit verunreinigtem Od zu verschmutzen. Noch heute müssen katholische Geistliche ehelos, d. h. „zölibatär" („himmlisch") leben, um nicht durch irdische Unreinheiten für ihr geistliches Amt ungeeignet zu werden; es heißt zumindest in der Theorie im römischen Kanon, sie stünden den Engeln näher, als den Menschen. Und bei den Juden ist es verboten, einen Rabbiner auch nur zu berühren, was dessen Aura verunreinigen könnte.

Ich lebe seit 40 Jahren nach den uralten Regeln der heidnischen Priester und beachte die vorgeschriebenen Zeremonien und Kultfeste. So wurde es mir möglich, daß ich in Verbindung zu den Göttern kam und von Ihnen aus „erster Hand" die Dinge erfahren habe, die dieses Buch nun wiedergibt, auf daß man sich – so man dazu bereit ist – danach richtet. Dabei will ich hier keine neue Religion stiften, sondern will als Mittler nur das ganz neutral berichten, was die Götter sagen und wollen. Und das unterscheidet sich deutlich von der Fiktion eines Neale Donald Walsh.

Auf regelrechte Kapitel mußte ich hier verzichten, desgleichen auf inhaltliche Einordnungen. Mitteilungen kamen, wie es die Götter für nötig hielten, auch wurde manchmal etwas noch einmal gesagt, wenn ich so ein Thema erneut ansprach, weil ich beim schnellen Tippen des eingegebenen Diktates nicht immer gleich den tieferen Sinn der Botschaften verstand. Ich erfragte dabei auch zuweilen Dinge, die ich eigentlich schon weiß, um so Antworten der Götter dazu zu erhalten.

Dieses Buch aber soll nicht als Dogma verstanden werden, sondern als freiwillige Erklärung oder Anleitung für das Leben von uns Menschen. Also kein „Muß", sondern immer nur ein „Kann" oder sogar „Könnte". Nur in diesem Sinne sollten diese Botschaften verstanden und für das eigene Leben berücksichtigt werden.

Allsherjargode im Hornungmanoth 7221.

1

Liebe Götter, die drei biblischen Religionen sprechen immer von „Gott", doch von Euch und in den alten Mythologien höre ich, daß es Götter geben soll. Was ist denn nun richtig?

Wenn es uns nicht gäbe, könnten wir wohl kaum mit Dir reden. Es gibt Götter, es gibt uns. Es gibt aber auch einen ältesten und ersten Gott, den Vater von uns Göttern. Die biblischen Religionen richten heute ihren Blick allein auf diesen ältesten und ersten Gott, die heidnischen Religionen aber haben immer auch von uns anderen Göttern gewußt und uns angerufen.

Hättet Ihr es diesen Menschen nicht auch irgendwie sagen oder offenbaren können, daß es noch weitere Götter gibt?

Das wurde wiederholt getan, und deswegen steht z. B. im Buch Genesis auch etwas von uns Göttern. Wir werden dort „Elohim", „Götter", genannt. Ihr kennt uns Götter z. B. mit unsern griechischen oder römischen Namen, Ihr kennt die germanischen Götternamen, die Ihr ja noch heute in den Namen der Wochentage verwendet, Ihr kennt unsere Namen in indischer oder asiatischer Tradition. Dafür können wir nichts, wenn Menschen die deutlichen Hinweise auf uns und unser Wirken nicht wahrhaben wollen oder falsch interpretieren.

Diese Überlieferungen werden aber von vielen Menschen nicht ernstgenommen.

Das ist nicht unsere Schuld. Wir drängen uns nicht auf, wir wollen den Menschen nicht vorschreiben, wie sie ihre Überlieferungen oder Offenbarungen deuten müssen. Wir lassen den Menschen ihre Freiheiten. Wer aber wirklich sucht, den führen wir auch an solche Wahrheiten heran.

Aber wie sollen wir an Götter glauben, die in den Mythologien manchmal ungerecht sind, die sich bekämpfen oder auch sterben können?

Nun, das sind Ausschmückungen von Menschen, die mit den Mythen zugleich Vorgänge in der Natur symbolisieren wollten oder die uns in sehr menschlicher Weise darstellten, um uns auf diese Weise näher kommen zu können. Auch gab es böse Menschen, die ihre eigenen Untaten dadurch relativieren wollten, indem sie uns ähnliche Untaten unterstellten.

Seid Ihr Götter denn sterblich? In den Mythen sterben Götter manchmal.

Nein, wir sind unsterblich, und auch Ihr, also Eure Seelen, seid genauso unsterblich. Und wenn Ihr Eure Mythen genauer durchseht, so hängen die dortigen Schilderungen von Göttern, die sterben, immer auch mit der Wiederkehr der Götter zusammen.

Könnt Ihr Götter auch Untaten begehen?

Wir haben den freien Willen und können alles tun, was wir wollen. Aber wir nutzen ihn nur, um das Gute zu tun. Wir Götter sind gut.

Angenommen, Ihr würdet Euren freien Willen einmal einsetzen, um etwas Böses zu tun, ginge das?

Ja, aber es hätte eben auch Konsequenzen, wie jede Tat.

Also steht Ihr nicht über dem Karma, dem selbsterworbenen Schicksal, welchem wir Menschen unterliegen?

Nein, unsere Konsequenzen äußern sich anders.

Was ist mit Göttern wie z. B. Loki, der in den Mythen auch als böse beschrieben wird.?

Hier wurden Mythen vom Wildfeuer auf diesen Gott übertragen. Aber insgesamt dient das, was Loki macht, dem Guten.

Wieso sollte das Böse dem Guten dienen?

Nun, der Gott, den Ihr Loki nennt, ist ein Gott der Umwandlung. Umwandlung kann auch Zerstörung des Alten zu Gunsten eines Neuen bedeuten. Der Schöpfungsprozeß ist nie abgeschlossen und daher muß auch zuweilen eine Umwandlung stattfinden, um das Neue zu erschaffen.

Heißt das nicht, daß das Alte unvollkommen war, wenn es zu Gunsten eines Neuen zerstört werden muß?

Nein, es geht um einen Wandel. Ihr kennt es doch auch auf der Erde, da gab es wunderschöne Stilepochen, und diese wurden dennoch durch gleichfalls schöne neuere ersetzt. Der Romanik folgte die Gotik, dem Barock das Rokoko, dem Bidermeier die Gründerzeit usw. Es wäre langweilig, wenn ein Stil für ewig bleiben müßte. Die Wesen des Himmels sind allzeit kreativ schöpferisch tätig und entwickeln neue Stile, erschaffen neue Kunst und Musik.

Bezieht sich das nur auf Kunststile?

Nein, in den Himmeln werden sogar neue wunderschöne Pflanzen, also z. B. Blumen, die es vorher nicht gab, erschaffen, auch Tierarten. Damit befassen sich die Wesen der hohen Himmel, sie bleiben nie stehen, sondern betätigen sich und führen die Schöpfung weiter.

Müssen sie das tun?

Nein, sie tun das freiwillig, es macht ihnen Spaß und füllt sie aus.

Ihr sagtet, Loki sei für Umwandlung zuständig. Wer legte so etwas fest?

Bei uns in den Himmeln herrscht Ordnung und unsere Zuständigkeiten wurden von Allvater festgelegt, auch nach unseren eigenen Interessen und Fähigkeiten.

Woher haben es unsere Vorfahren erfahren? Viele Menschen sind fest davon überzeugt, daß es allein Menschen waren, die sich die Mythen ausgedacht haben.

Wir haben uns zu allen Zeiten bestimmten geeigneten Menschen offenbart, haben ihnen von uns erzählt und so gelangten diese Kenntnisse auch in die Mythen der Völker, wobei aber zuweilen Menschen Fehler machten oder eigene Vorstellungen mit einfließen ließen.

Wir Menschen interessieren uns natürlich besonders dafür, wie Ihr Götter entstanden seid.

Wir wurden von Allvater geschaffen.

Werdet Ihr ewig bestehen, oder wird irgendwann auch Euer Dasein einmal beendet sein?

Wir bestehen ewig.

Seid Ihr allmächtig?

Nein, jede Gottheit hat von Allvater bestimmte Kräfte und Fähig-

keiten erhalten, die uns in Euren Augen „allmächtig" erscheinen lassen, da sie weit über das hinausgehen, was Menschen vermögen, aber allmächtig ist nur Allvater.

Seid Ihr allwissend?

Auch das sind wir nicht. Wir können aber die Gedanken der Menschen sehen und ihre Charaktere, wenn wir uns ihnen zuwenden, so daß wir dann wissen, wie sie denken und handeln.

Ist Allvater allmächtig?

Ja, aber Er handelt nach den von Ihm geschaffenen Gesetzen und nutzt Seine Allmacht nicht willkürlich aus.

Ist Allvater allwissend?

Ja.

Aber in den Mythen weiß Wodan oft nicht alles oder braucht Seine Raben, um informiert zu werden.

Das sind Bilder, um die Allwissenheit Allvaters und der Allmutter irgendwie zu erklären. Fria z. B. weiß alles, ohne daß es der Raben bedarf. Auch dieses Allwissen aber unterliegt bestimmten Regeln, über die wir hier nichts sagen wollen. Das müßt Ihr nicht wissen.

Wir sind nun einmal neugierig, und es fällt uns schwer, etwas nicht wissen zu dürfen. Wie entstand Allvater?

In der Urzeit gab es nur ein Wesen, ohne Körper, ohne Raum, ohne Zeit, ohne Bewegung oder Umgebung. Mehr gab es nicht. Dieses eine Wesen war immer schon da, bestand seit Ewigkeit. Das kann man in Eurer Sprache „Allvater" nennen, obwohl die-

se Bezeichnung nicht ganz zutreffend ist, da es Geschlechter noch nicht gab.

Für uns ist es schwer vorstellbar, daß ein Wesen schon immer da war, nie entstanden ist und nie vergehen wird.

Vieles, was in unser Welt geschieht, ist für Euch nicht vorstellbar.

Wieso erschuf Allvater Euch Götter ?

Allvater entwickelte sich und suchte nach Erkenntnis seiner selbst. Dazu war ein Blickpunkt von Außerhalb nötig, ähnlich wie Ihr Menschen einen anderen Menschen fragt, was er von Euch hält, oder z. B. in einen Spiegel seht.

Was erschuf Allvater zuerst?

Zuerst wurde der Raum geschaffen, und die Zeit entstand damit auch gleich, da es nun eine Zeit vor der Schaffung des Raumes und eine nun beginnende Zeit der weiteren Schöpfungen gab.

Die Zeit bei uns wird durch die Eddrehung eingeteilt, ist also auf unseren Planeten beschränkt. Wo es dieses System so nicht gibt, muß Zeit logischerweise anders ablaufen.

Trotzdem gibt es die Zeit. Zeit kann auch am Wachstum von Pflanzen oder Tieren, ja selbst dem von Planeten oder Galaxien abgelesen werden. Zeit gibt es überall, aber anders eingeteilt.

Gibt es also Welten, wo ein Tag länger oder kürzer ist als bei uns oder so ein Wechsel gar nicht stattfindet?

Ja, so etwas gibt es.

Und wenn es nur eine kurze Nacht oder gar keine gibt, wie schlafen die Lebewesen dann?

Nun, im Norden der Erde gibt es auch ein halbes Jahr nur Tag, und die Menschen kommen trotzdem dazu, noch zu schlafen.

Wie ging es mit der Schöpfung weiter?

Allvater schuf ein zweites Wesen aus sich heraus, um sich so von einem anderen Blickpunkt aus sehen zu können. Sie hielten Sich in dem geschaffenen Raum auf. Man kann diese Wesen mit Allvater und Allmutter bezeichnen, Eure Vorfahren hatten dafür auch bestimmte Namen, wie Wodan und Fria, die Du ja auch benutzt.

Frauen werden nun sagen, das sei doch patriarchal, ein männliches Urwesen steht am Anfang aller Schöpfungen.

Nein, das Urwesen war Energie, Kraft und Intelligenz und noch nicht geschlechtlich. Es erschuf das zweite Wesen und nun erst auch die unterschiedlichen Geschlechter.

Fria (Frigg) ist doch Tochter Tius und der Fjörgyn, daher scheint mir das mit der Allmutter Fria nicht zu passen.

Wir haben diesen Namen verwendet, weil Wodan und Fria als Königspaar die Welten regieren. Beide Namen aber sind nur Namen, die Ihr Menschen vor langen Zeiten verwendet habt; wir haben ganz andere Namen und bringen die Mythen nur bedingt damit zusammen.

Wie ging es weiter?

Diese beiden Urwesen erzeugten nun uns weitere Götter und Geistwesen und dafür schufen sie die spirituellen Welten, die Ihr

„Himmel" nennt, damit sie alle dort leben können. Wir sind aus dem Geiststoff des Urwesens geschaffen und daher sind wir Götter.

Ich gehe davon aus, daß hier nicht alle Gottheiten zu mir sprechen, das maße ich mir nicht an. Also wer spricht hier zu mir, Gottheiten, Geistwesen oder wer?

Ich bin eine Gottheit und spreche hier im Namen aller Götter, daher verwende ich das „Wir" statt des „Ichs".

Und wie ist Dein Name?

Ich sage Dir den Namen, aber Du darfst ihn nicht in dem Buch nennen: (...)

Warum nicht?

Damit wäre eine bestimmte Vorstellung verbunden, und das wollen wir nicht.

Weil Ihr gerade Namen erwähnt. Sind die in der Mythologie überlieferten Namen tatsächlich Eure Namen? Oder welche Namen tragt Ihr?

Es sind die Namen, die die Vorfahren Deines Volkes uns zugelegt hatten. Andere Völker legten uns andere Namen zu. Jedes Volk wollte uns so genau wie möglich benennen, wobei man sich auch auf unsere Kräfte in der Natur bezog. Du weißt, daß wir in unserer Welt unter uns andere Namen verwenden, einige waren den Priestern früher bekannt, weil wir sie ihnen offenbarten, und einige sind auch Dir bekannt.

Wenn also die Namen aus unserer Mythologie, die wir traditionell verwenden, nicht Eure wahren, göttlichen Namen sind, hat es für uns Menschen dann Sinn, sie dennoch zu verwenden?

Ja. Denn wir wissen, wen Ihr damit anrufen wollt. Noch wichtiger als Namen sind aber Eure Gedanken und Eure Herzen; nur wenn Eure Gedanken und Herzen sich zu uns hinwenden, werden sie uns auch erreichen. Namen, die mit unzutreffenden Vorstellungen über eine Gottheit verbunden sind, sollten aber nicht verwendet werden.

Viele Menschen kennen keine Namen von Euch Göttern oder verwenden Phantasienamen, die sich Theologen und Schriftgelehrte ausgedacht haben. Können sie Euch denn dann überhaupt erreichen?

Bedingt, denn wenn ihre Gedanken und Herzen dabei sind, hören wir sie, auch wenn sie keine oder falsche Namen verwenden.

Dann hat die Kenntnis Eurer überlieferter Namen oder Eurer wahren, göttlichen Namen für den Menschen keinen Vorteil?

Doch, denn damit erreichen uns die Gebete schneller. Ihr reagiert ja auch eher dann, wenn man Euch mit Eurem Namen anspricht, als wenn man nur „Hallo" oder ähnliches sagen würde.

Ist das aber nicht ungerecht denjenigen gegenüber, die Eure Namen gar nicht kennen oder die mit den überlieferten Namen andere Vorstellungen verbinden und sie daher nicht nutzen wollen?

Jeder Mensch hat die Möglichkeit, sich weiterzubilden und kann so auch unsere Namen erfahren. Wenn ein Mensch diese Möglichkeiten nicht hat, kann er uns doch wenigstens durch seine Gedanken erreichen; wir wissen, wie es um jeden einzelnen Menschen bestellt ist und berücksichtigen seine Umstände. Es wäre doch sehr kleinlich von uns, wenn wir nicht reagierten, nur weil ein Mensch nicht den richtigen Namen verwendet hatte.

Das bedeutet also, daß z. B. auch Christen mit ihren Gedanken und Gebeten die Allmutter erreichen könnten, wenn sie zu Maria beten?

Ja, wenn sie mit „Maria" nicht die Vorstellungen der Frau aus Palästina verbinden, sondern an die Allmutter denken; wir werfen den Menschen ihr Unwissen ja nicht vor.

Und wie sieht es mit dem Islam aus, wo die Menschen Gott als Allah anrufen?

Wenn es aus dem Herzen kommt, dringt eine solche Anrufung auch zu uns. Allerdings verbinden viele Menschen mit Allah auch dämonische Vorstellungen, so daß ihre Gebete dann entsprechende Dämonen herbeirufen, was sehr schädlich ist.

Wie seht Ihr Götter aus?

Wir sind hellstrahlende Lichtwesen, aber verfügen wie Ihr auch über eine Art nichtmateriellen Körper, der Eurem menschlichen Körper entspricht, aber der natürlich viel feinstofflicher und harmonischer ist. In Euren Religionen wird doch klar gesagt, daß wir die Menschen nach unserem Bilde erschufen, und Eure Künstler haben uns auch mit menschlichen Körpern dargestellt.

Entspricht Euer Aussehen also den Vorstellungen oder Bildern, die uns in den Mythologien überliefert sind?

Nein. Die überlieferten Bilder sind Symbolbilder, die unsere Kräfte, Zuständigkeiten und Wesenheiten darstellen sollen. In Wahrheit sehen wir anders aus. Den Anblick unserer wahren Gestalten könntet Ihr nicht ertragen; Eure Welt ist dazu zu verdichtet und materiell.

Was würde denn geschehen, wenn Ihr Euch in Eurer wahren Ge-

18

stalt zeigen würdet?

Das würde den Menschen töten, der das sieht. Deswegen nutzen wir die Euch bekannten Bilder, wenn wir einem Menschen erscheinen wollen.

Ja, ich erinnere mich an die Erzählung, wo Zeus Sich in Seiner wahren Gestalt zeigte und der Mensch starb. Wenn Götter sich nicht in der wahren Gestalt zeigen, bedeutet das nicht, daß Ihr Eure Form, Eure Erscheinung ändern könnt?

Wir können jede Form annehmen. In Euren Überlieferungen wird doch häufig erzählt, daß sich einzelne von uns z. B. in Tiergestalt zeigten.

Seid Ihr Zwitterwesen oder männlich und weiblich?

Wir sind wie Ihr männlich oder weiblich, es gibt also Götter und Göttinnen.

Da wir nun gerade beim „Himmel" waren, wir kennen als Gegensatz dazu auch die „Hölle". Gibt es diese wirklich und warum wurde sie geschaffen?

Ja, die Hölle gibt es und mit dem Raum wurde auch sie geschaffen. Denn wenn es keinen Gegensatz zum „Himmel" gäbe, würde auch der „Himmel" selbst gar nicht wahrnehmbar sein. Wir Götter sind das Licht, aber ohne die Dunkelheit wäre das Licht nicht existent. Die Schöpfung benötigt immer die Polarität, das Gegenteil muß es geben.

Gibt es denn auch zu Euch Göttern Gegenkräfte?

Ja, es gibt die Dunkelwesen, die Eure Mythologien „Riesen" nennen, also Unholde, Dämonen. Es sind Wesenheiten, die ge-

nau das Gegenteil von uns repräsentieren und die sich mit uns im ewigen Streit befinden.

Dann haben Allvater und Allmutter letzendlich auch diese Wesen geschaffen?

Ja, indirekt. Man kann den „Tag" nicht schaffen, ohne daß es die „Nacht" gibt. Sobald der Raum geschaffen war und Allvater, Allmutter und wir Götter uns an einem Ort im Raum aufhielten, entstanden andere Orte im Raum, wo wir nicht zugleich sein konnten, die entsprechend „dunkel" sind und wo sich die Dunkelwesen aufhalten. Sie wurden auch von Allvater und Allmutter geschaffen, entschieden sich aber dafür, fern von uns Göttern zu existieren. Das wurde zugelassen, denn es braucht die beiden Pole Licht – Dunkelheit, damit wir unsere Position innerhalb dieses Spektrums bestimmen können. Und genau darum ging es ja bei der Schöpfung: Um Erkenntnis.

Was ist über diese „Riesen" oder Dämonen zu sagen?

Es sind Wesenheiten, ursprünglich uns gleich. Durch ihre Entscheidung, sich abzusondern entfernten sie sich auch von den göttlichen Kräften und wurden zu Wesen der Dunkelheit.

Hättet Ihr sie nicht töten können?

Du verstehst es nicht: Ohne die Dunkelheit gäbe es auch das Licht als wahrnehmbare Erscheinung nicht, ohne das Böse würde man das Gute nicht erkennen und niemand könnte sich zwischen diesen Polen positionieren. Deswegen muß es diese Wesen geben. Sie sind das Gegenteil von uns: Wir sind das Licht, sie das Dunkel. Wir sind das Gute, sie das Böse, wir sind Harmonie, sie sind Unharmonie, wir sind Schönheit, sie sind Häßlichkeit usw. Und dennoch sind sie als Teil des Gesamtsystems notwendig: Zwei Seiten hat die Welt.

20

Werden sie ewig bestehen?

Auch sie haben den freien Willen und könnten sich dem Lichte zuwenden. Umgekehrt können wir uns dem Dunkel zuwenden, um dadurch neue Erfahrungen machen zu können.

Wir Menschen möchten in unserer Harmoniesucht gerne einen Himmel, wo es nur gute Lichtwesen gibt, wo alle Dunkelwesen sich am Ende zum Lichte bekehren.

Das wäre eine Welt ohne die Möglichkeiten der Erkenntnis, es würde auch diese Welt gefährden und wäre nicht im Sinne der Schöpfer.

2

Warum wendet Ihr Euch mit diesen Offenbarungen gerade an mich? Es gibt doch viele andere Menschen, die durch ihre Bekanntheit besser geeignet wären, Eure Weisungen zu erfahren?

Du bist unser Priester und es ist die Aufgabe eines Priesters, den Menschen von den Göttern zu berichten und ihnen unseren Willen kundzutun.

Ich bin zwar Priester, aber Priester einer Religion, von der wir vieles noch gar nicht wissen. Somit ist meine Weise, dieses Priestertum zu leben, möglicherweise recht unvollkommen.

Vollkommenheit gibt es nur bei Allvater und Allmutter, nicht einmal bei uns, auch die Priester früherer Zeiten waren nicht vollkommen.

Ihr Götter seid nicht Vollkommen?

Nicht in dem Maße, wie Allvater und Allmutter. Auch wir Götter können unsern freien Willen falsch einsetzen.

Die Priester früherer Zeiten lebten naturverbunden und im Kontext mit der heidnischen Religion, waren nicht von moderner Technik und heutigen Vorstellungen beeinflußt. Deswegen waren sie sicher besser geeignet, als heutige Priester.

Ja, das war ihr Vorteil. Ihr heutigen Menschen habt aber dafür viel mehr Möglichkeiten, als Eure Vorfahren, Ihr könnt fremde oder verwandte Kulturen betrachten und könnt Verbindungen erkennen oder Vergleiche anstellen und erhaltet so Wissen, was wiederum den Vorfahren verborgen war.

Aber zum Priestertum im klassischen Sinne gehört auch eine Medialität, gehört es, Euch zu sehen und Euch zu hören. Das können heutige Menschen nur sehr eingeschränkt.

Wir haben Dich ausgewählt, weil wir Dich für geeignet halten, auch wenn Du selbst Dich nicht für geeignet hältst.

Also wollt Ihr, daß Eure Botschaft verbreitet wird und ich habe die Aufgabe, das zu tun?

Ja.

Es gibt nur wenige Altheiden und ich werde von vielen nicht akzeptiert. Somit kann ich nicht in dem Maße durchdringen, wie es nötig wäre und wie Ihr es erwarten könntet.

Das überlasse getrost uns. Wir wissen, an wen wir uns wenden und wen wir für geeignet halten.

Dann werden Eure Botschaften aber nur wenige erhalten.

Diejenigen, die es sollen, werden sie finden und diejenigen, die unsere Lehren ablehnen, müssen davon auch gar nichts wissen, da es ihnen nichts nützen würde. Du kennst das Sprichwort, weil Du es oft zitierst: Gegen Dummheit kämpfen selbst Götter vergebens.

Aber um die Menschheit wachzurütteln wäre es doch viel wirksamer, daß Ihr irgendwo mitten in einer großen Stadt erscheint und dann Eure Weisungen erteilt.

Das wäre für alle ein Götterbeweis, und so einen Beweis soll es nicht geben. Wir kommen später darauf zurück.

Dann geht es Euch also nicht darum, die gesamte Menschheit zu erreichen, um so ein Umdenken zu bewirken, sondern es geht Euch um wenige geeignete?

Ja. Nur diejenigen, die den Weg schon gehen, sollen das erfahren, was wir zu sagen haben. Diejenigen, die ganz andere Wege gehen, müssen erst ihre Irrtümer selbst erkennen und eine bestimmte Stufe der Entwicklung erreichen, bis sie würdig sind, unsere Unterrichtungen aufzunehmen. Ihr setzt ja auch den Grundschülern nicht den Lehrstoff der Oberschule vor.

Was geschieht, wenn ich dieser Aufgabe nicht gut genug oder gar nicht nachkomme?

Dann vertust Du Deine Zeit in dieser Inkarnation.

Werde ich dann ggfls. von Euch früher aus diesem Dasein abberufen?

Solange Du nicht völlig sinnlos dahinlebst, wird das nicht geschehen.

Habe ich den freien Willen, die Aufgabe zu erfüllen, kann ich wählen und davon Abstand nehmen?

Diesen Willen hattest Du und hast Dich dazu entschlossen, es zu tun.

Das ist mir nicht bewußt.

Weil Du diese Entscheidung vor dieser Inkarnation getroffen hattest. Wenn Du also heute anders handeln würdest, würdest Du Deine eigene Entscheidung wieder aufheben.

War es denn meine Aufgabe, Priester zu werden?

Ja, weil Du das auch schon in früheren Leben warst.

Und was noch?

Bücher schreiben und das, was Du erforschst, erfährst oder von früheren Leben noch erinnerst weiterzugeben. Wir wollen nicht, daß Euch das Wissen über die heidnische Religion abhanden kommt.

Warum nicht?

Weil in dieser Religion mehr Wahrheiten verborgen sind, als in den anderen Religionen. Weil diese Religion die Menschen zu einem naturverbundenen und -erhaltenden Denken und Leben anleitet.

Ich will kein Guru sein, der Offenbarungen weitergibt, an die geglaubt werden muß.

Deswegen ist es gut, auf die Überlieferungen zu verweisen, wo wir schon ganz dasselbe gelehrt haben.

Viele Menschen haben nicht die Möglichkeit, Euch wahrzunehmen und Eure Stimmen zu vernehmen. Sie finden daher häufig nicht ihre Lebensaufgaben. Was könnte ich diesen Menschen raten?

In sich selbst zu hören, da ist schon alles enthalten.

Und wenn sie das nicht schaffen?

Es gibt viele Techniken, um mehr zu erfahren, z. B. Meditation, die Astrologie usw.

Ja, doch fehlen gute Astrologen.

Leider. Aber auch im Schlafe nehmen wir Verbindung zu Menschen auf und versuchen, ihnen den richtigen Weg nahezubringen.

Daran erinnert man sich meist nach dem Erwachen nicht mehr.

Im Wachbewußtsein nicht, aber im Unterbewußtsein schon. Man ahnt dann, wenn man etwas falsch macht. Dann meldet sich das durch unsere Lehren beeinflußte Gewissen.

Und was kann man noch tun, um von Euch zu erfahren?

Du hast es doch auch geschafft, einfach indem Du die alten Methoden erforscht und erprobt hast – die alten Methoden, die in den Überlieferungen und Bräuchen zu erkennen sind.

Ich war da sozusagen Forscher, aber das wollen oder können viele Menschen nicht.

Dann sind sie noch ungeeignet.

Weil Ihr gerade von Überlieferungen spracht. Ich bezog mein Wissen über Euch aus den Liedern der Edda und ich kam zu der Erkenntnis, daß diese Lieder nicht von Menschen gedichtet wurden, sondern von Euch geoffenbart. Stimmt das?

Teilweise. Einige Lieder wurden von uns geeigneten Personen, Priestern, Seherinnen, Dichtern offenbart, andere Lieder fußen zwar auf dem, was wir offenbart haben, aber Dichter haben sie auch ausgeschmückt und dabei kleine Fehler gemacht.

Wie kann ich solche Fehler herausfinden?

Durch Dein heutiges Wissen erkennst Du diese Fehler, und wenn sich Widersprüche zeigen, dann können Fehler der Grund sein.

Könntet Ihr das irgendwie einfacher erklären?

Wir Götter sind gut, wenn auch nicht so vollkommen, wie Allvater und Allmutter, und wir leben ewig. Wenn wir in Überlieferungen anders dargestellt werden, dann kann da etwas nicht stimmen.

Ich kenne das, einige Neuheiden unterstellen Allvater z. B. Meineide oder unehrenhaftes Handeln.

Diese Leute vergessen, daß wir Götter aus einer höheren Warte aus handeln. Wenn eine Handlung zum Tode eines Menschen führt, dann sehen Menschen nur diesen Tod, den sie als ungerechtfertigt betrachten. Daß aber der Verstorbene in unsere Welt gelangt oder gelangen soll, weil wir ihn brauchen, oder daß er von Eurer Welt ferngehalten werden muß, da er sonst Schaden anrichten würde, das sehen Menschen leider oft nicht.

Vielleicht hängt es auch damit zusammen, daß wir Euch bzw. Eure Kräfte mit Naturkräften verbinden und Mythen dann diese Naturkräfte beschreiben und auf Euch beziehen.

Ja, das ist häufig der Fall.

Ist das nun deswegen alles falsch?

Nein, denn unsere Götterkräfte finden sich auch in der Natur und daher bewirkt die Erkenntnis der Naturkräfte zugleich ein Verstehen von uns Göttern. Die Natur existiert durch unsere Gesetze.

Manche sagen, auch im Menschen selbst seien Eure Kräfte.

Ja, nicht nur im Menschen, auch in Tieren, Pflanzen, Mineralien, Himmelskörpern, Elementen. Wenn Du vorhin richtig zugehört hättest, wüßtest Du, daß alles, was besteht, letztendlich aus unsern Götterkräften besteht.

Auch in den Riesen?

Ja. Wo unsere Kräfte stark sind, da sind wir Götter, wo sie nur sehr, sehr gering vorhanden sind, da sind Riesen. Aber die Kräfte sind überall und durchdringen alles.

Ist das dann auch der Grund, warum man mit Utiseta (Außensitzen zur Meditation) von Euch mehr erfahren kann?

Das geht, aber wo der Mensch noch sehr im Dunkeln lebt, braucht es mehr als nur Meditation. Zuerst muß der innere Götterfunke wieder zum Leuchten gebracht werden.

Das ist dann die Erleuchtung, die die Religionen anstreben?

Genau.

Und wie macht man das?

Indem man in Harmonie lebt, die Harmonie sucht und die Schönheit, das Natürliche anstatt des Künstlichen, Liebe statt Haß, Friede statt Streit, aber auch Mut statt Feigheit, Ehre statt Unehre, Fleiß statt Faulheit ...

Ja, gerade der Fleiß fällt mir schwer.

Bevor Du Dir Deine Unvollkommenheiten aufzählst, beachte bitte, daß Faulheit auch eine körperliche Ursache hat, für die der Betroffene nichts kann. Und manche Menschen sind feige, weil sie entsprechende negative Erfahrungen mit dem Mutigsein machten, die sie nicht richtig bewältigt haben. Wir aber kennen alle Menschen und berücksichtigen ihre Schwächen, wie auch ihre Stärken.

Brauchen Menschen Priester als Mittler, um ihre jeweilige Religion gut zu verstehen und auszuüben?

So ist es, denn über das notwendige Wissen über uns, die Kulte und Rituale verfügen nur wenige Menschen. Sie können den anderen Vorbild sein und Anleitungen geben, die ihnen helfen. Deswegen gab es ja immer Priester und wir wollten das auch so.

Gilt das für alle Religionen?

Es gibt Religionen, die beinhalten viele Fehler in ihren Lehren, und Priester tragen dort dazu bei, daß diese Fehler nicht korrigiert werden, weil diese Priester in ihrer Unwissenheit diese Fehler immer wieder neu verbreiten.

Welche Religionen sind das?

Die Betroffenen ahnen schon selbst, daß ihre Religion kardinale Fehler aufweist. Wir wollen hier keine Religionen aufzählen.

Warum nicht?

Weil wir niemanden abstoßen wollen, wir wollen die Anhänger dieser Religionen motivieren, die nötigen Erkenntnisse selbst zu suchen und zu finden.

Eigentlich fehlen dort aktuelle Offenbarungen von Euch Göttern.

In allen Religionen gab es früher Techniken und Anleitungen, wie die Gläubigen Visionen und Offenbarungen herbeiführen können. Das ist aber dann mit der Zeit verlorengegangen, teils auch durch die Schuld der Priester, die eigene Erkenntnisse im Widerspruch zu ihren Lehren fürchteten.

Da waren Priester also eher schlecht.

Ja.

Warum soll es dann im Heidentum anders sein?

Weil hier noch individuelle Visionen, Offenbarungen, Träume, Vorzeichen gelten, so daß sich niemand blindlings nur auf einen Priester allein verläßt und mögliche falsche Priesterlehren durch eigene Offenbarungen erkannt werden können.

Damit ist dann also eine gewisse Kontrolle des Priesters möglich.

Und zugleich haben heidnische Priester heute nicht mehr die weltlich-rechtliche Macht wie früher, so daß sich ihre möglichen Fehler nicht weiter auswirken könnten.

Es gibt Heiden und Heidenvereine, da lehnt man jegliche Priester ab. Ist das in Euren Augen eine Lösung, um Machtmißbrauch von Priestern auszuschließen?

Nein, in einigen solcher Gruppen werden auch unsere Werte abgelehnt und oft glauben die Menschen dort gar nicht wirklich an uns. Das zeigt, daß eine Gemeinschaft ohne spirituelle Lehrer den eingeschlagenen Weg schnell verläßt und auf falsche Wege gelangt.

Wie kann so etwas passieren?

Weil sich die Dämonen in diese Gemeinschaften hineinschleichen. Immer dann, wenn gute und sinnvolle Regeln vertreten werden sollen, ruft es die Unholde auf den Plan, um zu verhindern, daß sich das Gute etabliert.

Ich habe das Gefühl, daß sich so ein Dämoneneinfluß gerade in der römischen Kirche zeigt, wo Priester und Kirchenmitarbeiter sich outen und verlangen, daß sich die Kirche von bestimmten religiösen Ge- und Verboten trennt, gleichzeitig viele Skandale ans Licht kommen.

Es findet tatsächlich eine Auseinandersetzung statt, aber dieser Kampf geschieht nicht nur dort, sondern laufend und überall auf der Welt, in andern Religionen, in der Politik, in der Gesellschaft und selbst bei den Heiden. Es ist ein Ragnarök, welches täglich überall stattfindet.

‚Ragnarök' ist doch Euer Gericht über die Welt?

Ja, und auch der Kampf mit den Gegenkräften.

Gibt es erst heute solche Kämpfe?

Nein, diese Kämpfe fanden schon immer statt, seit Anbeginn der Welten.

Wie können wir Eure Seite stärken?

Indem Ihr auf der richtigen Seite steht und in Euren Leben die Gesetze Allvaters haltet und den Dämonen widersteht.

Das wird immer schwerer, habe ich den Eindruck.

Vielleicht. Aber umso größer ist der Ruhm, wenn etwas erreicht wird.

Von diesem Ruhm bekommt hier leider niemand etwas mit.

Doch, wir sehen es und die Geistwesen unserer Welten sehen das auch.

Und was bringt uns das nun?

Ihr erobert Euch einen hohen Ehrenplatz in unserer Welt, wenn Ihr in dieser materiellen Welt entsprechend lebt.

Eine jenseitige Belohnung kann man leicht versprechen, das taten die Kirchen auch.

Nun, Du findest die Hinweise auch in den Mythologien, Gimle, Elysium, Schamajim, Paradies, den Himmel. Das hätten sämtliche Völker nicht überliefert, wenn es nicht wahr wäre. Es gab ja früher viele mediale Menschen, Seher und Schamanen die das ganz genau erkennen konnten. Aber der Himmel ist auch hier auf der Erde.

Wie das?

Wenn Ihr uns Göttern nahesteht und nach den göttlichen Regeln lebt, ist das eine Form des Himmels auch schon auf der Erde. Umgekehrt bedeutet die Ferne von uns auch eine Form der Unterwelt.

Wie äußert sich so ein Himmel schon auf Erden für den Einzelnen?

Es geht ihm gut, er steht unter unserm Schutz und seine Werke gelingen. Von schlimmen Dingen bleibt er verschont.

Was ist das Wichtigste, um diesen Himmel auf Erden erreichen zu können?

Es gibt zunächst drei Pflichten: Einhalten der göttlichen Regeln , Feiern der religiösen Feste um die Verbindung herzustellen und das Studieren der heiligen Überlieferungen.
Sehr wichtig ist aber auch das Vertrauen an uns und unsere

Welt. Wenn das fehlt, dann helfen die anderen Dinge auch nicht. Und natürlich ein Leben in Harmonie.

Vertrauen an Euch, wo wir Euch ja gar nicht sehen können?

Ja, das nennt man Glaube und Göttervertrauen. Ihr sollt nicht mit dem Schicksal hadern oder verzweifeln, wenn Euch etwas nicht gleich gelingt. Ihr sollt vertrauen, daß wir wissen, was für Euch gut ist und daß alles, was geschieht, im Rahmen der göttlichen Ordnung seine Richtigkeit hat. Wenn etwas nicht geht, dann besteht die Möglichkeit, daß es auch nicht sein soll.

Muß man dann seinen Plan aufgeben?

Nicht unbedingt, man darf und soll sich ruhig für das, was einem wichtig ist, einsetzen. Wenn etwas nicht gleich gelingt, kann das auch eine Prüfung für den Betreffenden sein, ob er schnell aufgibt, vielleicht mit uns bzw. Gott hadert, oder ob er es weiterhin – vielleicht in abgewandelter Form – versucht. Hartnäckigkeit ist auch eine Tugend.

3

Ich hatte von Euch erfahren, wie Ihr Götter entstanden seid und warum. Wie sieht es nun mit den erwähnten „Geistwesen", „Idisen" oder „Engeln" aus?

Zunächst haben wir die Himmel geschaffen, die spirituellen Welten, in denen wir leben. Diese Welten sollten auch bevölkert werden, und dazu haben wir die Geistwesen geschaffen.

Was unterscheidet Geistwesen von Euch Göttern?

Wir Götter sind ganz aus dem Geiststoff gebildet, aus dem Allvater besteht. Deswegen bestehen wir ganz und gar aus dem göttlichen Geiststoff. Die Geistwesen aber bestehen aus Odstoff, in den ein Funken aus göttlichem Geiststoff gesetzt wurde, sie bestehen also nicht voll und ganz aus diesem göttlichen Geiststoff.

Wenn doch aber alles aus dem Göttlichen besteht, dann doch auch die Geistkörper.

Der Geiststoff ist zwar eigentlich göttlich, aber enthält viel weniger dieses Göttlichen Ods. Aber im göttlichen Funken besitzen sie die reine göttliche Kraft.

Wie sehen die himmlischen Geistwesen aus?

Auch sie verfügen über etwas, das Eurem Körper entspricht, allerdings das ganz feinstofflich ist. Sie sind wie wir Lichtwesen.

Sind die Geistwesen männlich und weiblich oder Zwitter?

Nein, auch die Geistwesen sind eingeteilt in männliche und weib-

liche Wesen.

Dann gibt es bei Euch auch so etwas wie Sexualität und Fortpflanzung?

Ja, die Geistwesen bilden Paare und erzeugen Nachkommen, die die Himmel besiedeln.

Das setzt ja doch eine Partnersuche voraus, wie geht das bei den Geistwesen vonstatten?

Wenn ein Geistwesen geboren wird, wird in es der göttliche Funke gegeben, der es belebt wie bei Euch auf der Erde der belebende Atem. Eure Vorfahren nannten diesen Funken „Lá". Zuvor aber wird dieser Funke geteilt, eine Hälfte wird in den feinstofflichen Körper eines männlichen neugeborenen Geistwesens gegeben, die andere Hälfte in den eines weiblichen. Diese beiden Geistwesen bilden ein „Dual". Wenn diese Geistwesen ausgewachsen sind, vermählen sie sich miteinander und bilden ein Paar, das für ewig miteinander verbunden sein wird.

Es gibt also keine Trennungen oder den Wechsel eines Partners?

Nein, denn der je halbe Götterfunke findet nur in der genau passenden anderen Hälfte sein Pendant. Eine solche Vereinigung ist so wunderbar harmonisch, wie Ihr es auf der Erde von nur sehr wenigen Verbindungen kennen könnt. Wer in so einer Ehe lebt, der genießt so viel Glück, Harmonie und Ausgleich, daß keine Unzufriedenheit herrscht und der Gedanke an einen Wechsel gar nicht entstehen kann. Mit jedem anderen Geistwesen, das also nicht das passende Pendant ist, kann so eine Harmonie nicht erreicht und empfunden werden.

Aber in den Mythologien ist zuweilen überliefert, daß Gottheiten ihre Partner wechseln.

Ja, das ist theoretisch möglich, denn wir Götter sind anders ge-schaffen, als die Geistwesen. Eure Überlieferungen sind da aber durchaus auch nicht ganz richtig. Menschen, die ihre Partner wechseln wollen, unterstellen das uns Göttern, um ihr Tun auf diese Weise zu rechtfertigen.

Wenn es Paare gibt, dann gibt es also auch richtige Familien oder Sippen von Geistwesen?

Ja, es gibt sogar verschiedene Stämme und Völker, die sich aber nicht bekriegen, wie es auf der Erde geschieht.

Sind die Geistwesen unsterblich?

Ja.

Ihr hattet davon gesprochen, daß Geistwesen wachsen. Also wer-den sie doch irgendwann alt?

Geistwesen wachsen heran bis zu einem Alter, das man als „be-ste Zeit" bezeichnen kann, also in etwa dem menschlichen Alter um 30 Jahre herum entsprechend. Aber weiter altern sie nicht.

Hört dann ihr Wachstum und Altern auf?

Das Wachstum ist eine Entwicklung, wenn diese abgeschlossen ist, dann bleibt das Wesen so. Es wird aber dennoch älter, da die Zeit auch hier bei uns vergeht. Aber dieses Älterwerden zeigt sich nicht in den Gestalten der Wesen.

Davon träumen Menschen, besonders die in Nord-Amerika.

Ja, und sie können sich freuen, denn als Geistwesen im Jenseits werden sie auch nicht altern. Du kennst es ja aus der Mytholo-gie, da gibt es eine ewige Jugend.

Ja, aber die ist von Iduns Äpfeln abhängig.

Das ist ein Symbolbild. Bei den Kelten ist es die Apfelinsel und in andern Religionen wird es anders symbolisiert.

Was machen die Geistwesen?

Sie sind künstlerisch, musisch oder anderweitig schöpferisch tätig. Sie arbeiten an der Verschönerung des Himmels und sie genießen ihr Dasein.

Sind Geistwesen religiös?

Sie beten zu uns Göttern und singen und tanzen zu ihrer eigenen und unserer Freude.

Ich fand die Vorstellung, daß Geister im Himmel auf einer Wolke sitzen und Harfe spielen müssen, immer schrecklich.

Ja, das wäre es. Allein immer dasselbe tun zu müssen, dazu noch mit Zwang, ist schon nicht hinnehmbar. So einen Zwang gibt es nicht und Allvater und Allmutter verlangen nicht, daß die Geistwesen sie preisen oder anbeten. Dies geschieht immer nur freiwillig aus dem Herzen heraus, aus dem Gefühl der Dankbarkeit oder der Zufriedenheit.

Nun will ich auch etwas über die Welten, die Ihr bewohnt, erfahren, den oder die Himmel. Gibt es mehrere Himmel?

Es gibt mehrere himmlische Sphären, wir Götter leben mit den Geistwesen, die uns dienen, in den hohen Himmeln, die Geistwesen ansonsten haben wiederum Himmel, in denen sie leben.

Fangen wir mit Eurem Götterhimmel an. Ist das der höchste Himmel?

Nein, darüber gibt es den Himmel für Allvater und Allmutter, der der höchste Himmel ist.

Und Euer Himmel ist der nächste darunter?

Ja.

Und wie sieht es da aus?

Es ist eine wunderschöne, feinstoffliche göttliche Welt, mit Wiesen, Wäldern, Blumen, Vögeln und andern Tieren, mit schönen Alleen verbunden. Hier stehen unsere Paläste. Wir Götter leben auch in Paaren, also immer ein Gott und eine Göttin zusammen, und diese Götterpaare bewohnen je einen wunderschönen Palast. Darinnen leben auch die hohen Geistwesen, die unsere Diener sind.

Ich kann mir nicht vorstellen, daß es besonders schön ist, als Diener im Himmel zu leben.

Für diese Geistwesen ist es eine große Ehre und sie werden unter den anderen Geistwesen als etwas Besonderes angesehen. Auch ist die Arbeit bei uns gar nicht schwer. Diese Geistwesen stehen uns sehr nahe, was eine sehr begehrte Stellung ist. Auch gibt es keinen Zwang, und wenn ein Geistwesen bei uns nicht sein wollte, könnte es diese Stellung auch aufgeben.
Genauso, wie hohe Geistwesen uns dienen, dienen wir Götter dem Königspaar, also Allvater und Allmutter, was für uns auch eine hohe Ehre ist. Aber dort dienen auch höchste Geistwesen, es sind Millionen, die das himmlische Gefolge bilden.

Wie sehen Eure Paläste aus?

Das können wir nicht beschreiben, selbst ein irdisches Schloß wie Versailles ähnelt nicht einmal ansatzweise einem der himm-

38

lischen Paläste. Unsere Paläste sind viel größer und viel schöner, noch viel kunstvoller gemacht. Dennoch sieht jeder Palast
anders aus, je nachdem, wie ihn das Götterpaar will. Wir kon-
kurrieren auch ein wenig darum, daß unser Palast immer schöner wird, aber natürlich in freundschaftlicher Art.

Wie sieht es im höchsten Himmel aus?

Da befindet sich der Palast von Allvater und Allmutter, ganz aus
Licht und strahlendem Gold, mit Farben, die es auf der Erde
nicht einmal ansatzweise gibt, und riesengroß.

Ihr hattet die Natur im Himmel erwähnt, Tiere, Pflanzen.

Ja, das gibt es, aber es sind auch Tier- oder Pflanzenarten, die
es bei Euch nicht gibt und die wunderschön sind, Farben, die es
auf der Erde nicht gibt oder Gesang von Vögeln, den Ihr nicht
kennt. Auch gibt es Flüsse, Seen, Meere, Berge, Wasserfälle,
Wolken, Regen, Wind, alles ähnlich wie auf der Erde.

Gibt es auch Tag und Nacht?

Nein, in der Form nicht. Es wird schon dunkel, der Himmel erscheint in wunderschönen Farben, aber es wird nicht ganz
schwarz. Auch wir legen uns schlafen und haben bestimmte Zeiten, ähnlich Euren Tageszeiten, nur daß bei uns andere Zeit-
spannen sind. Bei uns dauern Tage länger, als bei Euch; überhaupt spielt die Zeit bei uns nicht die Rolle, die sie bei Euch
spielt. Wir leben ewig und stehen daher nicht unter Zeitdruck.

Gibt es bei Euch Kirchen oder sakrale Gebäude?

Ja, es gibt Tempel, in denen Allvater und Allmutter verehrt werden, oder wo wir Götter verehrt werden. Dort versammeln sich
die Geistwesen und beten, singen, musizieren oder tanzen.

Wie sehen denn solche Tempel aus?

Das ist in jedem der Geistvölker unterschiedlich, denn auch diese geistigen Völker und Stämme haben ihre eigenen Traditionen. Zum Beispiel gibt es einen runden Tempel, der von zwölf im Kreise stehenden Säulen getragen wird und in dem die Symbole von uns Göttern über den Altären stehen.

Dann könnte es theoretisch so etwas wie „Stonehenge" auch im Himmel geben?

Ja, das gibt es auch, denn es gibt geistige Völker, die eine solche archaisch-natürliche Kultur pflegen. Aber sie verehren auch das Königspaar und uns Götter.

Ihr spracht von Tanz. Das ist etwas schwer vorzustellen.

Warum? Tanz ist eine Ausdrucksform zur Musik und kann wunderschön sein. Wir erfinden auch neue Tänze und komponieren neue Musik, dann gibt es Feste in unsern Palästen, wo wir zur Freude und zum Vergnügen tanzen. Auch die Geistwesen tanzen oder laden sich gegenseitig z. B. zu einem Essen ein.

Essen? Unsterbliche Wesenheiten brauchen doch keine Nahrung.

Brauchen nicht, aber wir können Speise zubereiten und genießen. Was wäre das für ein Himmel, wo man nichts essen könnte?

Wir Menschen glauben, daß gute Menschen in den Himmel kommen. Stimmt das?

Ja, denn die Verstorbenen leben hier als Geistwesen zusammen mit den anderen Geistwesen. Auch die Seelen der Tiere kommen in den Himmel.

Ist das Weltall unendlich?

Nein, es ist endlich. Außerhalb des Alls existiert nichts, und das All dehnt sich aus, wächst, und füllt dadurch Bereiche, wo zuvor nichts war.

Gibt es Leben auf anderen Planeten oder Galaxien?

Selbstverständlich. Welche Verschwendung wäre es, würden wir ein gewaltiges Weltall erschaffen, ohne dann die dortigen Planeten auch mit Leben zu erfüllen.

Ist es möglich, daß Menschen mit Wesen auf andern Planeten zusammentreffen können?

Nein, wir haben die verschiedenen Planeten bewußt so geschaffen, daß Verbindungen nicht möglich sind.

Warum?

Weil die Wesen auf den verschiedenen Planeten unterschiedliche Entwicklungsstufen einnehmen und auch zu verschiedenen geistigen Völkern gehören.

Und wenn unsere Stufe irgendwann einmal hoch genug ist, wird es dann möglich gemacht werden?

Ja, vielleicht.

Was ist Materie?

Materie ist der Stoff, aus dem die Planeten und alles, was in der sichtbaren Welt existiert, besteht. In unserer Welt gibt es keine Materie, sondern Feinstoff, also eine Art Od, aus dem hier alles besteht. Eure Materie ist verdichteter Feinstoff.

Warum können wir Euch oder den Feinstoff nicht sehen?

Weil Ihr verdichtete Wesen seid, d. h. Eure Seelen sind in materiellen Körpern, so daß Ihr auch nur materielle Dinge sehen könnt. Nur wenige Menschen haben die Fähigkeit, sich durch bestimmte Techniken der Meditation soweit zu entdichten bzw. vom materiellen Körper hinwegzubewegen, daß sie auch feinstoffliche Wesen wahrnehmen können. Umgekehrt kommt es selten vor, daß sich feinstoffliche Wesen kurzzeitig verdichten, um so von Menschen gesehen werden zu können. Eure Überlieferungen berichten davon, daß sich Gottheiten oder Geistwesen derartig gezeigt haben.

Wo liegen die spirituellen Welten, wo die materielle Welt?

Beide Welten können sich durchdringen, können also an derselben Stelle liegen und unterscheiden sich nur durch ihre Schwingung. Aber die spirituelle Welt füllt auch den Raum aus, wo Eure Erde nicht ist. Ein feinstoffliches Wesen muß also nicht vom Himmel auf die Erde steigen, um sich hier zeigen zu können, sondern es reicht, wenn es sich einfach nur in seiner Schwingung reduziert und verdichtet. Das ist aber nicht leicht, erfordert viel Anstrengung und Odkraft, daher kommt es selten vor. In spiritistischen Zirkeln bilden die Teilnehmer mit ihren Händen einen Kreis, um so die benötigte Odkraft zur Verfügung zu stellen.

Gibt es Orte des Überganges, wo sich die materielle Welt mit der feinstofflichen Welt überschneidet?

Ja, solche Orte gibt es.

Wie kann man solche Orte finden?

Die Menschen früher erspürten diese Orte und machten dort entsprechende Entrückungs-Erfahrungen. Meist wurden solche Orte als heilige Orte angesehen und als Kultstätten genutzt. Wenn Ihr diese alten Kultstätten aufsucht, könnt Ihr auch deren Kräfte spüren.

Aber viele Menschen finden dort außer einer schönen Natur nichts mehr.

Das liegt an ihnen selbst. Wer sich auf die Materie eingestellt hat, der kann die nichtmaterielle Welt meist nicht erspüren. Wer es aber vermag, sich zu öffnen, der kann auch heute noch diese Orte des Überganges erleben, sofern sie nicht durch menschliches Eingreifen, z. B. Bebauung, unbrauchbar gemacht worden sind.

Wir sollten also diese Orte kennenlernen und unverändert erhalten?

Ja, das wäre in Eurem Interesse.

Was zeichnet diese Orte aus, warum ist dort etwas möglich, was woanders nicht oder nur schwer möglich ist?

Es sind Orte, die von unsern Götterkräften durchdrungen sind, weil wir uns dort aufhielten oder aufhalten und etwas von unserm reinen Licht-Od dort zurückblieb. Auch sind oft die natürlichen Kräfte der Erde an bestimmten Orten stärker, einfach auf Grund der Geologie und Beschaffenheit dieses Ortes.

Wenn ich das richtig verstehe, muß es ja dann auch unterschiedliche derartige Orte geben, denn Ihr Götter habt ja nicht alle dasselbe Licht-Od?

Es kommt darauf an, welche Gottheiten an solchen Orten Odkraft hinterlassen haben, es kommt auf die Topologie der Erde an und auch darauf, was Menschen dort einst taten. Durch die menschlichen Kulte wurden die dort vorhandenen Odkräfte noch verstärkt.

Kann man und darf man an diesen Orten Eure Kräfte einfach in sich aufnehmen?

Ja, aber man darf nicht nur nehmen, man muß auch geben. Man muß dort auch Kraft abgeben, durch Gebete, Kulte, Opfergaben. Ansonsten stiehlt man dem Ort Kraft und trägt zu seiner Schwächung bei. Deswegen haben Eure Vorfahren solche Orte versperrt oder bewacht, damit niemand die dortigen Kräfte schwächen konnte.

Wie ist das gemeint mit der Kraft des Ortes?

Es sind dort nicht nur unsere Kräfte vorhanden, auch Geistwesen sind oder waren dort und Gedanken der Betenden aus früheren Generationen.

Hat es Sinn für uns Menschen, regelmäßige religiöse Feste zu feiern, bewirken diese etwas?

Es hat dann Sinn, wenn es richtig und aus dem Herzen heraus geschieht. Das Drehen von Gebetsmühlen oder das Abzählen von Gebeten mit einer Perlenschnur bewirken nichts, wenn nicht der ganze Mensch mit seinem Bewußtsein und seinem Herzen dabei ist.

Sind Tempel, Kirchengebäude, Gotteshäuser sinnvoll, oder an welchen Orten erreichen Euch die Gebete am besten?

Gebäude sind dort sinnvoll, wo es keine ruhigen Orte gibt, in Großstädten. Am besten aber sind Orte in der freien Natur geeignet, wo keine Mauer oder Decke den Betenden vom Himmel trennt.

Ihr sagt „Himmel", dabei denken wir an den Luftraum über uns. Das ist aber wohl nicht ganz richtig, oder?

Da unsere Welt eine Welt des Lichtes ist, verwenden wir den Begriff des hellstrahlenden „Himmels" ohne deswegen unsere Welt als über der Erde liegend zu charakterisieren.

Wie sieht das ideale Gebet oder der ideale Kult aus?

Es benötigt eine ernsthafte Einstellung, eine Anrufung, Dank und Bitten.

Viele Menschen beklagen sich, daß ihr Gott Unglück zuläßt, es gab schon Kirchen, die eingestürzt sind während darin Menschen beteten. Haben Kulte also wirklich Sinn?

Ihr müßt lernen, die Welt nicht allein von der materialistischen Perspektive aus zu betrachten. Was Ihr „Unglück" nennt, kann eine Auswirkung des Karmas sein, der Tod ist von unserer Sicht aus kein Unglück, sondern eine Notwendigkeit.
Unser Schutz wird in der Regel im Rahmen der karmischen Möglichkeiten gewährt.

Aber dem Karma können wir ja nicht ausweichen, es erfüllt sich ja in jedem Falle. Somit können wir mit Gebeten und Opfern also keine Veränderungen erreichen?

Doch, denn wir Götter haben immer die letzte Entscheidung über das Karma.

Nach welchen Gesichtspunkten ändert Ihr ein schweres Karma?

Wir berücksichtigen den ernsthaften Willen des Menschen, etwas zu verändern, wir berücksichtigen die Andacht und sehen ins Herz des Menschen. Auch helfen wir, wenn sich viele Menschen im Gebet an uns wenden, um einem bestimmten Menschen zu helfen. In solchen Fällen helfen wir auch bei schweren karmischen Belastungen.

Wieviele Gottheiten gibt es und wie sind Eure Namen?

Diese Dinge sind allgemein bekannt und deswegen müssen sie hier nicht behandelt werden. Jede Kultur hat uns jeweils mit ihrer eigenen Sprache benannt und auch die Ansicht über unsere Anzahl variiert, weil Menschen es nicht richtig verstanden und z. B. Beinamen als eigene Gottheiten interpretierten. Oder weil hohe Geistwesen als Gottheiten mißverstanden wurden. Ihr könnt neben Allvater und Allmutter aber von 12 Götterpaaren ausgehen.

4

Es scheint so, als wenn es bei Euch im Himmel eine strenge Hierarchie gibt: Allvater, Allmutter, Götter und Göttinnen, Geistwesen. Stimmt das?

Ja, bei uns hat alles seine ihm zustehende und entsprechende Stelle, es herrscht Ordnung.

Bei uns Menschen hat sich inzwischen der Gedanke durchgesetzt, daß Demokratie ein besseres System ist, als eine Herrschaftsform wie z. B. eine Oligarchie. Der Gedanke, daß es im Himmel etwas rückständig ist, kann sich so leicht aufdrängen.

Wenn ein Alleinherrscher sich von den Beherrschten nicht unterscheidet, ist so ein System tatsächlich rückständig. In unserer Welt aber unterscheiden sich wir Götter von den Geistern und natürlich vom himmlischen Herrscherpaar. Somit herrschen eben nur die dafür Befähigten.

Also keine Demokratie?

Doch, solche Elemente gibt es auch, aber nur wir Götter wählen z. B. unsern König. Allvater selbst hatte sich der Demokratie ausgesetzt und wurde auch vor langer Zeit einmal abgewählt und ein anderer von uns Göttern gewählt. Doch stellte sich heraus, daß nur Allvater die Himmel perfekt regieren kann – mit unserer Unterstützung – so daß wir Ihn wieder zum König wählten.

Das hätte Allvater als höchster Schöpfergott doch gar nicht nötig gehabt.

Nein, aber Er wollte es selbst erleben oder erfahren, wie es auf den irdischen Ebenen funktioniert und Er wollte sich einem gerechten Verfahren unterstellen und nicht Seine Regierung allein auf Seine Göttlichkeit gründen.

Welches System wäre denn für uns Menschen auf der Erde das Idealsystem?

Das müßt Ihr selbst herausfinden und das herauszufinden gehört auch zu Eurer Lehrzeit.

Wir leiden ja gerade daran, daß sich Politiker bereichern und nicht den Willen des Volkes umsetzen.

Jedes politische System versagt dann, wenn ihre Vertreter sich den Dämonen öffnen, wenn sie nicht an die spirituellen Welten glauben und rein materialistisch denken. Dann bleibt ihnen nur, sich zu bereichern, um ihr vermeintlich kurzes Erdendasein so angenehm wie möglich zu machen. Würden sie aber von unserer Welt wissen, würden sie wissen, daß alle ihre Handlungen auch schwere Konsequenzen bedeuten, dann würden sie anders handeln. Die Frage ist nicht, welches System ideal ist, sondern welche Menschen dieses System vertreten. Mit guten Menschen kann auch ein schlechtes System segensreich sein.

In unserer säkularisierten, unreligiösen oder ungläubigen Gesellschaft sehe ich da schwarz für unsere Zukunft.

Ja, es wird schlimmer werden, je mehr unreligiöse Menschen es gibt. Die Dämonen bekommen Macht und betreiben durch ihre Handlanger diese dämonische Politik, die heute schon ansatzweise erkennbar ist, wo allein das Geld zählt, wo die Unmoral und Unzucht gefördert wird, wo die Völker zerstört werden und die Natur auch, die doch Eure Lebensgrundlage ist.

Interessieren Euch Götter denn die Völker der Erde?

48

Natürlich, wir haben doch die Völker geschaffen, d. h. in ihrer bestehenden Form entstehen lassen, wir haben den Völkern ihre Sitze zugewiesen und erwarten, daß sie sich auch dort behaupten und ihre Sitze verteidigen. Wir erwarten auch Stärke und ein Bewußtsein für das jeweils eigene Volk oder den Stamm.

Aber es heißt doch, alle Menschen sollen gleich sein.

Sind sie nicht, die einzelnen Stämme nehmen unterschiedliche Entwicklungsstufen ein. Völker sind nicht nur Ansammlungen von Menschen, sondern lebendige Gebilde; die Angehörigen eines Volkes sind durch ein gemeinsames Unterbewußtsein verbunden. Es gibt hohe Geistwesen, die für die einzelnen Völker zuständig sind.

Was passiert, wenn sehr viele Angehörige fremder Völker in ein Land und Volk einwandern?

Dann wird das gemeinsame Unterbewußtsein des Volkes gestört und geschädigt.

Und ist das so schlimm?

Dann kann es keinen wirklichen Zusammenhalt mehr geben, es entsteht eine Bevölkerung in der jeder gegen jeden kämpft, in der der Andere immer zuerst der Gegner ist und man in Krisenzeiten nicht mehr zusammenhält. Auch wird die ursprüngliche Kultur nicht mehr weiterentwickelt, sondern geht unter. Am Ende wird das ganze Volk verschwinden – das gab es in früheren Zeiten oft und auch wir konnten es nicht verhindern, da wir den Menschen den freien Willen lassen.

Aber verschiedene Völker bekriegen sich ja oft, was viel Leid und Tod bringt.

Kampf ist zuweilen notwendig zur Behauptung und um das eigene Recht zu wahren. Leid geschieht immer im Rahmen des Karmas und der Tod ist jedem Lebewesen der Erde bestimmt.

Es gibt nach den Mythologien ja auch Kriegsgötter.

Auch die Aggressionen im Menschen sind natürlich, hat Allvater bei Seiner Menschenschöpfung im Menschen verankert. Es ist nicht Eure Aufgabe, Aggressionen zu verdrängen, sondern da, wo es nötig ist, diese zu nutzen und das Eurige zu verteidigen.

Heute können Armeen die ganze Erde zerstören mit Atombomben.

Krieg mit modernen Distanzwaffen ist sehr unehrenhaft, denn der Feigling kann auf diese Weise siegen, der Reiche, der über die besseren Waffen verfügt, gewinnt, nicht der Bessere ober Mutigere. Leider stehen viele Politiker unter dem Einfluß der Dämonen, und diese erfreuen sich an der sinnlosen Zerstörung der Erde.

Krieg und Kampf sind doch in jedem Falle zu vermeiden, da sie nur Zerstörung und Leid bringen.

Das ist die Sicht des heutigen Menschen. Aber ohne Seuchen und Kriege würde die Menschheit ungehindert wachsen und schließlich die Natur und die Lebensgrundlagen aller Lebewesen zerstören. Und das bringt am Ende dasselbe, Leid und Zerstörung.

Trotzdem wollen wir keine Kriege, wir hängen ja am Leben und können uns heutzutage auch keine Errungenschaften vorstellen, die es wert wären, dafür sein Leben einzusetzen.

Weil für viele Menschen heutzutage Familie, Sippe, Stamm, Volk, Religion und auch die Kultur nicht mehr so wichtig sind. Das ist

50

eine falsche Sichtweise, die die Wertelosigkeit einer Menschheit, die sich von uns abgewendet hat, widerspiegelt.

Gibt es denn außer der notwendigen Dezimierung der Menschen irgendetwas, was an einem Krieg in Eurem Sinne gut ist?

Im Krieg vollzieht sich die Entwicklung schneller, es gibt viel mehr Möglichkeiten für die Menschen, sich zu bewähren: Der Soldat kann Mut und Tapferkeit zeigen, er kann Fairnis gegenüber Unbeteiligten oder Unbewaffneten üben, er kann auf Kriegsverbrechen verzichten. Die Menschen müssen einander helfen um zu überleben und haben so Möglichkeiten, ihre Persönlichkeiten weiterzuentwickeln.

Ich fürchte, daß ich diese Antworten von Euch veröffentliche, wird mir viel Ärger bringen, da die Menschen den Krieg fürchten und ablehnen.

Wir wollen, daß die Menschen bestimmte Tugenden erlernen und annehmen, dazu gehören Mut und Tapferkeit genauso, wie Hilfsbereitschaft, Fleiß und Aufopferung. Aber auch Wahrhaftigkeit und der Mut, das zu sagen, was man denkt und für richtig hält. Kümmere Dich also nicht darum, wie das ankommt, was wir Dir mitteilen.

In unseren Religionen wird gesagt, daß der Mensch von Gott bzw. Göttern erschaffen wurde. Die Wissenschaftler aber behaupten, der Mensch habe sich aus Primaten entwickelt. Es ist über diese Frage regelrecht Streit entstanden. Was ist nun eigentlich richtig?

Auf dieser Welt, in der Materie, gelten bestimmte Gesetzmäßigkeiten, die wir hier verankert haben und die wir auch nicht willkürlich aufheben. Damit Ihr auf dieser Welt inkarnieren könnt, mußten wir die entsprechenden Körper schaffen, in die Eure See-

len dann eintreten können. Wir haben daher bewirkt, daß sich aus vorhandenen Formen Körper entwickeln, die Euren Geistkörpern entsprechen und die für Eure Inkarnationen geeignet sind. Wir haben die Entwicklung also beginnen lassen und in eine von uns gewollte Richtung gelenkt. Als die Körper dann entstanden waren, konnten Eure Geistkörper einschließlich der Seelen dort inkarnieren. Es ist also beides richtig.

Ab wann geschah denn das?

Ihr könnt den Zeitpunkt selbst erkennen, denn zu dem Zeitpunkt, wo der Vormensch begann, religiöse Zeremonien auszuüben und z. B. die Toten zu begraben, waren bereits Geister in den Körpern inkarniert, die man menschlich nennen kann. Sie erinnerten sich an ihr Leben in unserer Welt und brachten diese Erinnerung z. B. durch ihre religiösen Rituale zum Ausdruck.

Aber diese Menschen waren doch noch nicht mit den modernen Menschen identisch?

Nein, sie standen erst am Anfang ihrer Entwicklung, daher sahen sie nach Euren heutigen Maßstäben noch nicht so edel aus. In dem Maße, wie sich viele Seelen weiterentwickelt hatten, entwickelten sich auch die Körper entsprechend, die inkarnierten Geister formten sich mit der Zeit die materiellen Körper bis zu dem Zustand, den Ihr heute habt. Es gibt immer Entwicklung, nie einen Stillstand.

Wenn aber die Menschenkörper Abbilder Gottes bzw. der Götter sind, welcher dieser Zustände, der Jetztmensch oder der des Vormenschen, ist dann das Abbild?

Beide und keiner. Beide Formen ähneln uns Göttern, aber noch nicht hundertprozentig. Die Entwicklung geht weiter und die Körper werden uns immer ähnlicher werden.

Bei uns gibt es Religionen, die gehen davon aus, daß Männer und Frauen nicht gleichberechtigt sind, daß die Frau aus einer Rippe des Mannes geschaffen wurde und ihm daher untertan sein müsse.

Diese Geschichte stimmt nicht. Frauen wurden nicht aus einer Rippe des Mannes geschaffen; da hat man eine alte Geschichte falsch verstanden. Frauen und Männer sind unterschiedlich, wurden aber gleichzeitig und gleichwertig geschaffen.

Männer haben in der Regel mehr körperliche Kraft als Frauen, ist nicht schon durch diese Ungleichheit die Unterdrückung der Frau durch den Mann quasi vorprogrammiert? Hättet Ihr nicht beiden gleiche Kräfte geben können, um zukünftige Fehlentwicklungen zu verhindern?

Wir haben die Menschen als Paare geschaffen, genauso, wie die Tiere. Bei den Tieren gibt es Unterdrückung, wie Du sie schilderst, nicht, trotz der unterschiedlichen Kräfte weiblicher und männlicher Tiere. Bei den Menschen sollte es Unterdrückung auch nicht geben, allerdings kann der freie Wille auch in negativer Weise genutzt werden. Aber wir sind auch für Ordnung, und in einer Beziehung von Mann und Frau können nicht beide zugleich die Herren sein, das gäbe nur Streit. Hier haben wir die Männer zum Oberhaupt der Familie bestimmt.

Ist das nicht ungerecht und widerspricht das nicht Eurer Gerechtigkeit als Götter?

Wir haben Männer und Frauen je mit bestimmten Kräften, Fähigkeiten und Eigenschaften versehen, die nötig sind, um auf der Erde leben zu können. Wir haben beide Geschlechter gleichwertig begabt, was also z. B. den Frauen an körperlicher Kraft fehlt, haben sie an spiritueller Kraft zusätzlich erhalten. Männer und Frauen sollen sich ja ideal ergänzen. Daß Eure Welt heute so

viel Wert auf äußerliche, materielle Dinge legt und spirituelle Dinge wenig interessieren, das ist Eure Schuld; es ist aber nicht in allen Ländern der Erde so. Wir überlassen Euch den freien Willen, Eure Welt so einzurichten, wie Ihr es wollt.
Es ist übrigens bei uns Göttern genauso, auch hier haben männliche wie weibliche Götter unterschiedliche Fähigkeiten.

Warum muß es denn überhaupt männliche und weibliche Wesen geben? Hätten wir nicht auch einfach eingeschlechtlich geschaffen werden können?

Um Sich Selbst zu erkennen, erschuf das Allwesen ein zweites Wesen und um Sich zu unterscheiden, und damit auch die Urkräfte des Männlichen und Weiblichen. Das Urwesen war noch beides bzw. gar nichts, da es noch keine Geschlechter gab.

Nachdem das erfolgte, hätten weitere Unterscheidungsmerkmale ja unterbleiben können.

Nein, auch wir Götter wurden so geschaffen und dann auch die Geistwesen. Das war von Anfang an in der spirituellen Welt so und daher ist es auch in der verdichteten materiellen Welt so. Der Sinn ist, daß kein Wesen allein sein sollte und immer eine ideale Ergänzung findet. Gleichzeitig ist so auch eine gegenseitige Erkenntnis möglich. In Euren Religionen und Mythologien wird klar gesagt, daß die Menschen als Mann und Weib geschaffen wurden. Mit dieser Erschaffung wurde auch die Liebe zwischen Männern und Frauen geschaffen.

Wir Menschen leiden sehr unter dem, was man Tod nennt. Die Trennung von uns lieben Verwandten und Freunden, aber auch die Schmerzen, die das Sterben bereitet. Warum gibt es das?

Der Tod ist der Durchgang in das Jenseits, in unsere Welt. Der Tod ist also wie ein Tor, das der Sterbende durchschreitet. Die-

ses Tor steht dem Tor der Geburt gegenüber, auch die Geburt ist oft schmerzhaft.
Beide Welten sind getrennt und daher ist der Übergang zwischen ihnen eben nicht so einfach, als wenn man nur in ein anderes Land reisen würde.

Warum sind beide Welten getrennt, warum kann die Entwicklung nicht auch in der spirituellen Welt allein erfolgen?

Weil Ihr zu verdichtet seid, weil Eure Entwicklungsstufen noch zu niedrig sind und deswegen Euch nur dieser Weg durch die Welt der Materie bleibt.

Aber nach dem Tode gelangen wir ja in die spirituelle Welt, das geht doch. Warum können wir nicht nur dort bleiben?

Weil Ihr in der materiellen Welt mehr lernen könnt und unbeeinflußt seid von unserer Welt. Nur derart abgeschnitten von unserer Welt zeigt sich Eure jeweilige Entwicklungsstufe und könnt Ihr Euch ohne Wissen von unserer Welt und ohne Berechnung und Beeinflussung entwickeln.

Viele Menschen verzweifeln oder haben Angst vor dem Sterben, was ja mit Schmerzen verbunden ist. Es ist eigentlich die Urangst aller Menschen.

Das gilt für Menschen, die nicht an unsere Welt glauben. Für sie ist mit dem Tod alles vorbei. Diejenigen, die an die höheren Welten glauben, müssen den Tod nicht fürchten.

Trotzdem hätte ich mir doch ein weniger schmerzhaftes System gewünscht.

Eure materiellen Körper altern und funktionieren dann nicht mehr richtig, auch führt ein falscher Lebenswandel zu Krankhei-

ten und Leiden. Darum muß die inkarnierte Seele mit ihrem Geistkörper den materiellen Körper verlassen, wenn die Zeit ge-kommen ist. Die Schmerzen, die das bereitet, sind in Wahrheit gar nicht so groß, wie Ihr vielleicht denkt.

Aber z. B. ein plötzlicher gewaltsamer Tod ist doch schmerzhaft.

Nein. Ihr wißt, daß z. B. jemand, der einen Unfall erlitt und überlebte, sich daran gar nicht erinnern kann und die Schmerzen erst im Krankenhaus spürt, nicht schon im Augenblick des Un-falls selbst. Das ist so eingerichtet, daß der Sterbende es nicht merkt.

Warum haben denn dann alle Angst vor dem Sterben?

Weil sie glauben, daß es schmerzhaft sei. Und das ist auch gut so, denn sonst würden viele Menschen bei Problemen den Weg des Freitodes wählen, statt die Probleme zu lösen.

Ist denn der Freitod verwerflich?

Es ist ein Fliehen vor der Aufgabe und daher nicht richtig.

Werden Menschen, die den Freitod wählen, dafür irgendwie im Jenseits bestraft?

Sie haben diese Inkarnation nicht erfolgreich abgeschlossen und müssen mit ihrem nächsten Leben wieder da anfangen, wo sie mit diesem Leben endeten. Sie bleiben so lange im Zustand als heimatloser Geist, so lange ihr Leben eigentlich gedauert hätte. Erst danach kommen sie an bestimmte Jenseitsorte und können für die nächste Inkarnation vorbereitet werden.

Was geht denn nun genau beim Tod vor sich?

Beim Tod trennen sich die Seele mit ihrem Geistkörper vom ma-
teriellen Körper. Es ist in der Regel mit dem letzten Atemzug ver-
bunden, wie ja auch der erste Atemzug des Neugeborenen die In-
karnation der Seele in den Körper bedeutet. Die Seele mit dem
Geistkörper befindet sich nun in der spirituellen Welt. Menschen
empfinden das so, als würde man einen schweren Mantel able-
gen.

Menschen die Nahtoderlebnisse hatten, berichten von einem
Tunnel, durch den sie schwebten. Auch Hieronymus Bosch hat
ihn in einem seiner Gemälde dargestellt. Gibt es den und wie
kommt der zustande?

Dieser Tunnel erscheint, weil kurzzeitig die Seele vom sie umge-
benden Geistkörper und beide vom materiellen Körper getrennt
sind, ähnlich wie ein Fernrohr, das man auseinanderzieht. Da-
durch kann die Seele die Augen des Geistkörpers noch nicht nut-
zen und der Eindruck eines Tunnels entsteht. Wenn sich dann
langsam Seele und Geistkörper wieder verbinden, verschwindet
auch dieser Tunnel wieder.

Unsere Seelen sind also im Jenseits von Geistkörpern umgeben?

Ja.

Wie sehen diese Geistkörper aus?

Zunächst haben die Geistkörper noch das Aussehen des Men-
schen, wie er zum Ende seines Lebens erschien, denn die Geist-
körper waren ja im materiellen Körper und füllten diesen aus,
nahmen dabei auch dessen Form an. Je länger aber eine Seele
mit ihrem Geistkörper schon im Jenseits verweilt, desto mehr
verändert sich der Geistkörper und paßt sich dem wahren Ausse-
hen der Seele an. Dabei spielt das Aussehen der letzten Inkarna-
tion noch eine wichtige Rolle. Der Geistkörper nimmt das Ausse-

hen an, das der betreffende Mensch in seinen besten Jahren hat-
te, also in etwa einem menschlichen Alter von 30 – 40 Lebens-
jahren entsprechend. So verweilt der Geist im Jenseits nach sei-
ner letzten Inkarnation und vor seiner nächsten. Aber je länger
diese Zeit währt, desto eher kommen auch die früher vom Geist-
körper eingenommenen Formen wieder mit hinein, denn der
Mensch sah ja in seinen früheren Inkarnationen anders aus;
auch diese Formen mischen sich hinein.

Alle diese Formen, die der Mensch in vielen Inkarnationen einst
angenommen hatte, ähneln alle der „Urform", die dieser Geist
eigentlich hat, und die er nach Ende seines Inkarnationsweges
im Götterreich wieder annehmen wird.

5

Viele Menschen können sich mit dem Gedanken an eine Wiedergeburt auf der Erde in einem anderen Körper nicht anfreunden.

Aber nur so ist die Entwicklung möglich und die göttliche Gerechtigkeit kann wirken. Denn das, was zu lernen ist, dazu reicht ein einzelnes Leben nicht aus. Auch gibt es die unterschiedlichsten Ausgangssituationen: Manche Menschen sind gesund, leben lange und im Reichtum, andere sind behindert, arm oder sterben früh. Gäbe es für alle nur ein Leben, wäre das ungerecht.

Es gibt in den verschiedenen Traditionen darüber Spekulationen, wie groß die Abstände zwischen den einzelnen Verkörperungen sind, es werden z. B. 12 oder 144 Jahre genannt.

Diese Zeit ist nicht festgeschrieben und kann individuell variieren, je nach der erforderlichen Situation. Aber als etwaiger Anhaltspunkt kann die Zahl von vier Generationen genannt werden, d. h. die heutelebenden Menschen sind die Wiederverkörperungen ihrer Alteltern. In der Regel stammen die gegenwärtigen Menschen aus der Gruppe ihrer 16 Alteltern, sofern es wiedergeborene Menschen sind.

Was sollten es denn sonst sein?

Nun, es gibt nicht nur „alte Seelen", sondern auch Erstinkarnationen, also Menschen, die zuvor noch nie als Mensch inkarniert waren. Sie haben noch sehr viel zu lernen und sind an ihrem noch recht materialistischen Verhalten zu erkennen.

Und wo kommen diese Seelen her, was waren sie zuvor?

Da durchliefen sie verschiedene Stadien im Tierreich, und davor inkarnierten sie als Pflanzen. Es gibt eine ganze Hierarchie der Formen, auch die unterschiedlichen menschlichen Ethnien nehmen unterschiedliche Stufen ein.
Auch diese schon alten Seelen waren einst im Tier- und Pflanzenreich inkarniert. Ihr seid diesen langen Weg aber nun schon weiter gegangen, als die Erstinkarnationen.

Der Gedanke, daß die verschiedenen Ethnien unterschiedliche Stufen einnehmen, der ist heute nicht populär, ja geradezu brisant.

Aber das System der Entwicklung auf der Erde nimmt auf menschliche und politische Tabus keine Rücksicht. Ihr seht, daß Menschen dieser Ethnien schon äußerlich nicht so aussehen, wie höherentwickelte Völker. Auch sind in diesen Ländern die Bedingungen so schlecht, daß für höhere kulturelle Schöpfungen keine Zeit bleibt. Die Menschen müssen für ihr tägliches Brot und ihr eigenes Überleben kämpfen, während Ihr Zeit habt, um auch schöpferisch tätig werden zu können. Es wird von Euch erwartet, daß Ihr das auch tut und die Möglichkeiten, die Ihr habt, nicht vergeudet.

Wenn man Möglichkeiten nicht nutzt, fällt man dann in seiner Entwicklungsstufe zurück?

Einen Rückfall gibt es nicht, nur einen Stillstand. Es braucht dann weitere Inkarnationen, um Fortschritte zu erzielen.

Daß wir heute diese vielen Möglichkeiten haben, liegt auch daran, daß unsere Wirtschaft auf Kosten der armen Länder so floriert. Unser Wohlstand wird durch diese Länder quasi finanziert, da unsere Konzerne die dritte Welt ausbeuten.

Das stimmt leider, aber die armen Länder lassen das zu; es wäre ihre Aufgabe, sich Regierungen zuzulegen, die eine Ausbeutung nicht gestatten. Und Ihr müßt lernen, so eine Ausbeutung zu verhindern.

Diese Macht haben doch einzelne Menschen gar nicht.

Doch. Jeder Einzelne kann auf überflüssigen Wohlstand verzichten, kann zu einem bescheidenen Lebenswandel umkehren, Dinge reparieren statt wegzuwerfen. Auch das ist eine Eurer Aufgaben.

Ihr hattet vorhin gesagt, daß in uns unsere Alteltern (Ururgroßeltern) inkarniert sind. Heißt das, das wir uns in unserem Volk inkarnieren, oder wechseln wir?

In der Regel bleibt Ihr in Eurem jeweiligen Volk und oft sogar in Euren Sippen. Denn die Körper müssen Eurer Entwicklungsstufe entsprechen, eine hochentwickelte Seele kann nicht in einem niederentwickelten Körper inkarnieren. Nur in Ausnahmefällen wird anders verfahren.

Was sind das für Ausnahmen?

Wenn etwa eine Seele eine bestimmte Aufgabe für ein bestimmtes Volk übernimmt, dann wird sie auch in einem Körper dieses Volkes inkarnieren, egal ob der Körper zu der Stufe der Seele paßt. Die zu lösende Aufgabe ist wichtiger.

Das bringt mich zu dem Gedanken des Geschlechterwechsels. Behält man in den verschiedenen Inkarnationen immer dasselbe Geschlecht, oder wechselt das?

Es wechselt nicht. Ein männlicher Geist wird immer in männlichen Körpern inkarniern, ein weiblicher Geist immer in weiblichen Körpern. Auch hier gibt es Ausnahmen.

Und welchen Sinn haben die?

Zum Beispiel durfte in früheren Jahrhunderten eine Frau Bücher nicht veröffentlichen. In solchen Fällen konnte eine weibliche Seele ausnahmsweise in einem männlichen Körper inkarniert werden, um so diese Möglichkeit dennoch nutzen zu können.
Dann gibt es auch Inkarnationen zum Lernen, wenn eine Seele in einem früheren Leben etwas falsch gemacht hat, z. B. wenn ein Mann seine Frau psychisch mißhandelt hat, dann kann es geschehen, daß diese männliche Seele nun in einem weiblichen Körper inkarnieren muß, um zu erfahren, wie es seiner Frau aus dem früheren Leben damals erging.

Das bedeutet, diese männliche Seele im weiblichen Körper wird nun selbst unter der Mißhandlung leiden müssen?

Ja, sie wird in eine Situation kommen, in der sie von ihrem Partner schlecht behandelt wird und wird so erkennen, wie das ist.

Ist das nicht ein Verrechnungsdenken „Auge um Auge, Zahn um Zahn"?

Es ist ein Lernen durch Erfahrung. Es ist ein Annehmen der Folgen der eigenen falschen Handlung, es ist ein Abarbeiten eines negativen Karmas.
Schon in einem einzigen Leben wirkt sich alles, was Ihr tut, auf Eure eigene Zukunft aus. Wer heute entscheidet, sehr ungesund zu leben, der muß in einigen Jahren mit schweren Krankheiten rechnen.
Und natürlich wirkt sich auch jede weitere Entscheidung im derzeitigen Leben genauso aus, nur daß die Auswirkung oft erst im nächsten oder übernächsten Leben zum Tragen kommt.

Erklärt so ein Geschlechterwechsel vielleicht auch die Vorlieben für das gleiche Geschlecht?

Ja. Wenn eine weibliche Seele in einem männlichen Körper in-
karniert, ist es oft eine Strafinkarnation. Solche Menschen kön-
nen dann ihre eigentliche geschlechtliche Ausrichtung in der
Form leben, daß sie sich zum gleichen Geschlecht hingezogen
fühlen. Da die Seele weiblich ist, sehnt sie sich nach einem
männlichen Partner, doch da die weibliche Seele in einem männ-
lichen Körper inkarniert ist, sieht es für Außenstehende so aus,
als sei der Mensch gleichgeschlechtlich veranlagt.

Aber welchen Sinn hat so eine Strafinkarnation, wenn der Betreffende z. B. nie seine Partnerin mißhandelt hatte?

Sie unterliegen vielen Repressalien der Gesellschaft, vor allem
auch in andern Ländern, sie sind also gezwungen, sich einzu-
schränken. Auch können sie nie die vollständige Vereinigung der
beiden Energien, weiblich-männlich, erleben. Das sind alles Ein-
schränkungen, die diesen Seelen als Strafe auferlegt sind. Auch
können sie keine leiblichen Nachkommen haben.
Es gibt auch Seelen, die solche Bedingungen freiwillig wählen,
um nicht von ihrer eigentlichen Lebensaufgabe, die sie sich ge-
wählt haben, abgelenkt zu werden.

In unserer Gesellschaft ist der Versuch zu erkennen, die Unterschiede der Geschlechter aufzuheben. Aus einer Gleichberechti-
gung wird eine Gleichartigkeit, Geschlechter werden willkürlich
gewechselt und gleichgeschlechtliche Paare werden legalisiert.

Das ist nicht in unserem Sinne. Allvater schuf die Menschen
weiblich und männlich, Ihr müßt lernen, dies zu akzeptieren und
nicht nach Gutdünken Euer Geschlecht wechseln zu wollen. Das
zeigt nämlich eine Unzufriedenheit mit dem, was wir Euch gege-
ben haben und versucht, die Bestimmung zu umgehen.

Gibt es noch andere Strafinkarnationen?

Ja, zum Beispiel kann eine menschliche Seele in einen Tierkör-
per inkarniert werden. Das geschieht z. B. mit Menschen, die
Tiere nicht geachtet und nicht gut behandelt haben, daß sie nun
selbst in dem Körper eines Tieres lernen müssen, die Welt aus
dieser Perspektive wahrzunehmen.

Was geschieht denn zum Beispiel mit Menschen, die Hühner
massenweise in zu engen Käfigen und ohne Tageslicht in einer
Hühnerbatterie gehalten haben?

Sie werden selbst in so einen Zustand kommen müssen, das wird
nicht angenehm sein, ist aber zum Lernen leider erforderlich.

Wie sieht es mit der Jagd aus, die ja heute zur Ernährung gar
nicht mehr nötig wäre?

Menschen, die nur aus Spaß Tiere töten, die können z. B. in ihrer
nächsten Inkarnation etwas ähnliches am eigenen Leibe erlei-
den. Wir kommen hier in den Bereich des Schicksals und Kar-
mas, zu dem wir später noch mehr sagen werden.

Ich habe einmal gehört, daß es auch Strafinkarnationen als Stein
gibt.

Ja, es kann bestimmten Seelen auferlegt sein, eine lange Zeit in
einem Stein zu weilen, den sie nicht verlassen können, bis die be-
stimmte Zeit um ist. Das wird als Strafe für Untaten verhängt,
geschieht aber selten.

In einigen Völkern werden Verbrecher dadurch bestraft, daß man
sie hinrichtet. Die Todesstrafe ist aber umstritten und viele Menschen lehnen sie ab, weil sie dem Verurteilten keine Möglichkeit
der Besserung einräumt.

Diese Menschen denken zu diesseitig. Die Seele, die in die Jen-

seitswelt gelangt, wird dort entsprechend nach ihren Taten ge-
richtet, so daß also der Tod in jedem Falle zu einer gerechten
Behandlung der Seele nach dem Tode führt. Unschuldig hinge-
richtete werden natürlich nicht bestraft. Wir sind gerecht und be-
strafen nur diejenigen, die es verdienen.

Also ist die Todesstrafe eigentlich keine wirkliche Strafe, da wir
ja alle einmal sterben müssen.

Der Tod ist immer nur ein Durchgangsstadium und er steht allen
Lebenwesen auf der Erde bevor; er kann also nie eine Strafe
sein, denn es wäre dann eine Strafe, die ausnahmslos alle be-
trifft, ob sie gut oder böse gewesen sind. Auch können Menschen
das von uns zugesprochene Schicksal nicht ändern; wenn wir ei-
nem Menschen ein langes Leben zugesprochen haben, können
Menschen es nicht verkürzen, und wenn wir Menschen ein kurzes
Leben zugesprochen haben, können Menschen es nicht verlän-
gern.

Heißt das, daß nur diejenigen zum Tode verurteilt werden können, denen Ihr ein entsprechendes Leben zugesprochen habt?

Ja, wenn das Lebensende eines Menschen gekommen ist, dann
wird es eintreten, sei es durch Vollziehung der Todesstrafe, oder
durch Unfall, Krankheit oder dergleichen. Wir setzen unsere
Entscheidungen durch, indem wir die Situationen entsprechend
herbeiführen.

Ist es egal, ob man als Toter in der Erde begraben wird, oder verbrannt?

Es ist nicht egal. Wenn jemand in jungen Jahren einen plötzli-
chen, unerwarteten oder gewaltsamen Tod stirbt, dann konnte
sich dessen Geist noch nicht vom materiellen Körper vollständig
lösen, so daß so ein Geist auch noch im Jenseits Schmerzen be-

kommen kann. Daher sollten auch Organe nicht von solchen Menschen entnommen werden.

Wenn aber ein alter Mensch stirbt, dann konnte er sich darauf einstellen; das Kraftfeld des Menschen wird nach und nach schwächer, der Geist kann den Körper dann leicht verlassen. Auch stellt sich ein alter Mensch seelisch auf sein Ende ein. In diesem Falle kann der tote Körper auch verbrannt werden.

Unsere Vorfahren legten viel Wert auf Ahnenverehrung, Ahnenkulte und waren Stolz auf die Ahnen. Heutzutage finden wir häufig zerstörte und verfeindete Familien vor, d. h. die Lebenden zanken sich, zu den Verstorbenen besteht keinerlei Verhältnis. Lagen unsere Vorfahren mit ihrer Sichtweise richtig?

Ja, denn Eure Ahnen können Euch besuchen und Euch helfen. Deswegen ist es gut, wenn Ihr sie anruft und in Euer Denken und in Eure Gebete einbezieht.

Aber was ist mit Ahnen von zerrütteten Familien?

Menschen ohne jeden Familiensinn und ohne ein Sippenbewußtsein haben nach ihrem Tode auch dieses Bewußtsein nicht und dann kümmern sie sich auch nicht um die noch lebenden Nachkommen. Es kann ihnen allerdings auferlegt werden, den Lebenden helfen zu müssen als Strafe.

Wir Götter wollen, daß Ihr Sippenbewußtsein entwickelt; die Auflösung der Sippen ist ein Werk der Dämonen.

Die Abstammungslinie meines Großvaters mütterlicherseits läßt sich über diverse Adels- und Königshäuser bis zu einzelnen Göttern zurückführen. Stimmt es, daß Ihr in vielen Stammbäumen der Menschen steht?

Ja.

Hat man dann einen besonderen Zugang zu Euch Göttern, wenn Götter im eigenen Stammbaum stehen?

Viele Menschen stammen von Göttern ab, das allein bedeutet nicht, daß wir so einen Menschen etwa gar vorziehen würden. Wenn sich ein Mensch aber dieser Verwandtschaft bewußt ist, dann hat das eine andere Wirkung.

Inwiefern?

Nun, auch Ihr Menschen geht ja auf Verwandte, die sich dieser Verwandtschaft bewußt sind und die Verbindungen zueinander halten, anders ein als auf Verwandte, die sich für ihre andern Verwandten nicht interessieren.

Dann seid Ihr da dann doch etwas ungerecht?

Nein, soweit geht es nicht, aber wir Götter haben auch Gefühle und schalten diese nicht einfach aus.

Manche Menschen glauben, daß die Entwicklung vom Tier und Primaten zum denkenden Menschen von Außerirdischen oder eben von Euch Göttern herbeigeführt wurde.

Ja, wir haben die Bedingungen geschaffen, daß Körper sich entwickelt haben, die uns ähneln.

Wie soll ich mir das denken, etwa bei der Sonnengöttin im Stammbaum meines Großvaters; es ist mir nicht vorstellbar, daß die Sonne auf die Erde kam, die Sonne ist doch ein Fixstern.

Die Göttin der Sonne ist nicht die Sonne als Stern, das mußt Du unterscheiden. In dem Stern der Sonne ist Ihre göttliche Kraft enthalten, aber Sie existiert unabhängig von diesem Stern, der Euch ein Bild Ihrer Kraft in der Welt ist. Auch andere Systeme im All haben Sonnen und nehmen darin Ihre Kraft wahr.

Haben denn unsere Ahnen in heidnischer Zeit das auch so gesehen?

Ja, sie unterschieden zwischen der Sonne, also der Göttin, und dem Sonnenwagen, also dem Stern.

Und also kam irgendwann einmal die Sonnengöttin auch auf die Erde?

Ja, auch wir andern Götter kamen schon auf die Erde und kommen sogar weiterhin, nur werden wir dabei in der Regel nicht erkannt oder als Götter wahrgenommen. Auch Allvater kam schon auf die Erde, meist unerkannt, wie Eure Sagen noch erzählen.

Schwer vorstellbar, daß der höchste Schöpfergott auf unsere kleine Erde kommt, wo es doch unzählige ähnliche Planeten gibt.

Der Schöpfer hat natürlich ein Interesse daran, wie Seine Schöpfung aussieht, was da geschieht und wie alles abläuft. Daß ein Gott etwas erschafft und dann das Interesse daran verliert, das wäre merkwürdig.

[ab diesem Abschnitt mußte ich die Durchgaben beenden weil es schon sehr spät war, obwohl ich noch viele Fragen hatte.]

6

Ich möchte auch mehr wissen über die Geburt, was da abläuft und wie die Inkarnation einer Seele vor sich geht. Zum Beispiel ist ein Neugeborenes doch ganz klein, die Seele mit dem Geistkörper eines Verstorbenen aber ist groß. Wie kann so ein Wesen also in einem kleinen Kinderkörper inkarnieren?

Die Wesen, die sich neu inkarnieren, werden darauf vorbereitet. Dann werden sie in einem Anpassungsschlaf in die nötige Größe gebracht durch Verdichtung. Die Geistkörper sind ja aus spiritueller Energie und damit formbar.

Wann gelangt die Seele in den Körper des Kindes, mit der Zeugung oder erst später?

Im Augenblick des ersten Atemzuges nach der Geburt.

Menschen haben aber herausgefunden, daß kleine Kinder eine Sprache schneller lernen können, wenn diese schon von den Eltern während der Schwangerschaft gesprochen wurde.

Weil die Seele des Kindes sich ja schon im Umfeld der Mutter befindet, bekommt sie auch mit, wie die Eltern sprechen.

Ist das vor oder nach dem Anpassungsschlaf?

Währenddessen und danach. In dieser Schlafphase bekommt die Seele auch mit, was in ihrem Umfeld gesagt wird.

Manchmal bewegen sich die Embyos im Bauch der Mutter, wie wird das veranlaßt?

Die Seele des Kindes mit dem komprimierten Geistkörper ist im Umfeld der Mutter und geht zuweilen schon in den Körper, ohne daß eine feste Verbindung besteht.

Wie sieht denn überhaupt die Verbindung von Seele, Geist und Körper aus?

Es ist eine silbern aussehende Schnur, die alle drei verbindet und die du dir wie eine Nabelschnur vorstellen kannst. Damit ist die Seele mit dem Geistkörper an den materiellen Körper im Mutterleib gebunden.

Von dieser Schnur ist in unserer Mythologie nichts überliefert, aber in der Bibel wird sie einmal erwähnt (Prediger Salomos/ Ecclesiastes 12,6). Wer bindet damit Geist und Körper zusammen?

Das machen die bei der Inkarnation tätigen Geistwesen.

Ist diese Bindung das, was alles zusammenhält?

Nein, das silberne Band verbindet zwar die zusammengehörigen Elemente miteinander, reicht aber allein nicht aus. Das Band hält nicht die Seele samt Geistkörper im materiellen Körper. Das Band kann sich lang dehnen und Seele und Geistkörper können relativ weit vom irdischen Körper entfernt sein. Vor der Geburt befinden sie sich in der Nähe, im Umfeld der Mutter.

Was ist es denn dann, was alle drei Bestandteile letztendlich im Körper zusammenhält?

Das ist die Schwingung des Menschen. Sobald das Neugeborene selbstständig zu atmen beginnt, wird auch sein körpereigenes Kraftfeld erzeugt, welches wie ein Magnetfeld die Seele mit dem Geistkörper im materiellen Körper hält. Beim Tod ist dieses Kraftfeld so schwach, daß die Seele mit dem Geistkörper den ir-

70

dischen Körper wieder verlassen kann.

Wann ist ein Mensch eigentlich tot?

Mit seinem letzten Atemzug. Hatten wir schon gesagt.

Liege ich da richtig, wenn ich hier auch Verbindungen zu bestimmten spirituellen Techniken erkenne? Etwa Menschen, die ihren Geistkörper schon zu Lebzeiten aussenden können (Astralwanderer), oder Menschen, die mithilfe bestimmter Versenkungs- und Trancetechniken es schon zu Lebzeiten schaffen, den Geist vom Körper zu trennen?

Ja, das ist möglich. Derartige Techniken haben oft zum Inhalt, den materiellen Körper durch Fasten, Wachen, Kasteien in einen Zustand zu bringen, der ihn schwächt. Damit ist dann auch das Kraftfeld des betreffenden Menschen so geschwächt und in seiner Schwingung herabgesetzt, daß die Seele mit dem Geistkörper heraustreten kann. Beide sind zwar noch mit dem silbernen Band verbunden, aber können sich dennoch in einem gewissen Rahmen in der spirituellen Welt bewegen. Weil dabei die Funktionen des Erdenkörpers aber sehr herabgesetzt werden, ist so etwas auch gefährlich und kann mit dem Tode enden.

Steht eine solche Erfahrung hinter historischen Schilderungen von Propheten und Euch Göttern?

Ja, etwa die 40 Tage Fasten des Jesus in der Wüste oder die Kreuzigung – dadurch sind Visionen möglich. Oder Allvaters Hängen am Weltbaum. Auch Schamanen machen so etwas teilweise bis heute.

Wie funktioniert das?

Wenn der Betreffende sein Körperkraftfeld herabsetzt und mit dem Geistkörper den materiellen Körper zeitweilig verläßt, kann ein anderes Geistwesen das nutzen und den Körper besetzen und durch ihn sprechen – Ihr nanntet das „in fremden Zungen Reden". Auf diese Weise können sich spirituelle Wesen mitteilen.

Ist das nicht gefährlich?

Ja, wenn niedere Geister den Menschen, der medial wirken will, besetzen und nicht mehr freigeben wollen. Oder wenn der irdische Körper, aus dem die Seele mit dem Geistkörper ausgetreten ist, abrupt geweckt wird – dann zieht der erwachende Körper die Seele mit dem Geistkörper so schnell zurück, daß das silberne Band reißen kann, was den Tod des Menschen bedeutet.

Ihr habt von einem Kraftfeld gesprochen, welches nach der Geburt durch den Körper des Neugeborenen aufgebaut wird. Könnt Ihr darüber noch etwas mehr sagen?

Im Augenblick nach der Geburt wird dieses Kraftfeld aufgebaut, indem das vorhandene Od, also der Feinstoff, verwendet wird. Der Blutkreislauf wirkt wie ein Motor, der dieses Kraftfeld aus Od erhält.

Wo kommt das Od her?

Das meiste kommt von der Erde, aber Od kommt auch von den Himmelskörpern. Je nachdem, welche Himmelskörper gerade in der Stellung waren, Od abzugeben, setzen sich die Odsorten der einzelnen Menschen unterschiedlich zusammen.

Behält man sein Leben lang dasselbe Od oder dieselbe Odzusammensetzung?

Ja, daran ändert sich nichts.

Manche Menschen setzen sich ganz bewußt bestimmten Strahlungen oder Schwingungen aus, um so vermeintliche Kraft-Defizite auszugleichen, etwa Farbtherapie, Klangtherapie oder man hängt sich bestimmte Edelsteine um. Hilft so etwas?

Ein wenig schon, wenn man die passenden Schwingungen findet.

Also wirkt das Od nicht neutral wie eine Kraft bei allen gleich, sondern bedeuten unterschiedliche Odzusammensetzungen auch unterschiedliche Wirkungen?

Die individuelle Odzusammensetzung wirkt immer unterschiedlich. Wer sehr viel Odkraft vom Jupiter bekommen hat, der wird anders denken, handeln und leben, als einer, der mehr Od vom Saturn oder der Venus erhielt.

Damit hängt also auch das individuelle astrologische Horoskop zusammen?

Ja, die Astrologen errechnen die Anteile der Planeten und leiten davon das Schicksal des Menschen ab.

Dann gehe ich recht in der Annahme, daß die Zuteilung des Ods durch die Planeten nicht willkürlich und zufällig geschieht, sondern im Sinne des Karmas des Einzelnen erfolgt.

Es wird dem Menschen das Od gegeben, das für sein Dasein vorbestimmt ist.

Was geschieht aber, wenn die Geburt eines Menschen ansteht, dem ein schweres Schicksal bestimmt ist, aber am Himmel stehen gerade die Planeten, die ein ganz anderes Schicksal bewirken würden?

Dann wird die Geburt durch die helfenden Geistwesen so lange hinausgezögert, bis der richtige Zeitpunkt gekommen ist.

Und wenn ein Arzt einfach die Geburt durch Medikamente herbeiführen will?

Dann wird ihm von den Geistwesen eingegeben, das nicht zu tun.

Und wenn er darauf nicht hört und mit seinem Ansinnen fortfährt?

Es gibt genug Möglichkeiten für uns, ihn zu hindern. Wir können auch andere Menschen beeinflussen, z. B. die Mutter selbst. Wir haben sehr viele Möglichkeiten, um einzugreifen.

Und kann Euch da nie ein Fehler passieren?

Nein, bei uns ist alles vollkommen organisiert.

Zwei Dinge möchte ich in diesem Abschnitt noch fragen. Ihr hattet gesagt, daß die Seele erst mit dem ersten Atemzug in den Körper eintritt. Ist demnach Abtreibung nach Eurer Meinung zulässig, oder nicht?

Wir wollen, daß die Seelen, die sich verkörpern sollen oder wollen, auch Körper finden, in die sie inkarnieren können. Und die Seelen, die wir für eine Inkarnation vorbereitet haben, sollen diese Inkarnation auch antreten können.
Andererseits können wir uns auf Menschen einstellen, von denen wir von Anfang an genau wissen, daß sie kein Kind wollen und wenn sie eines bekommen, daß sie es dann abtreiben.

Ist Abtreibung Mord?

Nein. Es muß immer die Entscheidung der Eltern sein, ob sie in Kind aufziehen wollen, oder nicht. Schließlich macht es nicht nur viel Arbeit, sondern bedeutet auch sonst eine Umstellung des Lebens. Auch Tiere haben die Freiheit, zu entscheiden, ob sie Nachkommen wollen, oder nicht, und oft lassen Tiere ein Neugeborenes liegen und ziehen es nicht auf. Ihr Menschen habt doch nicht weniger Rechte, als die Tiere.

Was ist von dem alten Volksglauben der Wechselbälger zu halten, wonach Zwerge neugeborene Kinder wegnehmen und mit ihren eigenen Zwergenkindern vertauschen?

Dieser Glaube hat einen wahren Kern. Wenn ein Kind noch sehr klein ist, ist weder das odische Kraftfeld schon stark genug, noch ist die silberne Schnur fest genug, um die Seele des Kindes im Körper zu halten. Noch oft können Kinderseelen den irdischen Körper verlassen. Das versuchen Dämonen auszunutzen, indem sie eigene dämonische Seelen in den Kindskörper einbringen und versuchen, der eigentlichen Kinderseele die Rückkehr in ihren Körper zu verwehren. Gelingt ihnen das, dann ziehen die Eltern ein anderes, böses Kind auf, ohne es zu ahnen.

Wie können Eltern das verhindern?

Durch Schaffung einer spirituellen Atmosphäre, durch Verbreitung einer hohen Schwingung und auch bestimmte Zeichen über der Wiege angebracht können helfen.

Hier geschieht also zuweilen etwas, was Ihr nicht gewollt oder geplant habt?

Ja, das kann geschehen, allerdings können wir schon erkennen, ob bestimmte Eltern von Dämonen umgeben sind und können dann vermuten, daß auch deren Kind nicht unter ausreichendem Schutz stehen wird. Sollte es uns dennoch gelingen, eine Seele dort zu inkarnieren, wird es dieses Kind mit seinen dämonisch beeinflußten Eltern nicht leicht haben. Aber es kann Seelen ge-

ben, *die so eine Aufgabe als Herausforderung ansehen und angehen wollen.*

Wenn Kinderseelen noch nicht so fest mit ihrem jeweiligen Körper verbunden sind, bedeutet das, daß sie damit auch einen Blick in Eure Welt tun können?

Sicher, Kinder, die Götter oder Geister sehen können, gibt es häufig. Doch wird ihnen diese Fähigkeit meist von Eltern, Kindergarten und der rationalistischen Gesellschaft mit der Zeit ausgeredet.

Sollte man das im Interesse der Kinder tun?

Nein, man könnte versuchen, diese Fähigkeit zu unterstützen und weiter zu trainieren, das wäre für die Menschen wichtig. Aber das geht nur bei wenigen, medial begabten Kindern.

Dann aber hätte man ja wiederum den Beweis der Existenz Eurer Welt.

Nein, man hätte einen Menschen, der zwar etwas sehen, aber es dennoch nicht beweisen kann.

Dann hilft es uns auch nicht.

Doch, es wäre ein Indiz, aber kein Beweis. So ein Mensch muß aber achtgeben, nicht für verrückt erklärt zu werden.

Das hatte ich auch schon gehört, daß viele psychisch kranke Patienten in den Nervenheilanstalten gar nicht krank sind, sondern medial oder besessen.

Das trifft auf einige zu, aber viele andere haben tatsächlich nur körperliche Leiden die sich entsprechend auswirken.

76

Wie kann man Besessenen helfen?

Meist ist diese Besessenheit eine Folge falschen Lebens oder eines negativen Karmas.

Das Karma kann man dann wohl nicht auflösen?

Nicht in vollem Umfang, nur etwas lindern.

Und Folgen des falschen Lebens?

Da kann man einiges machen, indem man den Besessenen das Leben nach unseren Regeln, drogenfrei und in Harmonie beibringt. Dämonen halten so ein Leben nicht lange aus und geben irgendwann diesen Menschen auf.

Ich habe immer den naiven Glauben, daß es auch helfen könnte, einfach dem Dämon, der sich eines Menschen bemächtigt hat, zu raten, diesen Menschen endlich in Ruhe zu lassen.

Das wird bei vielen Dämonen nicht reichen. Ihr müßtet sie schon regelrecht davon überzeugen, daß es in ihrem eigenen Interesse nicht gut ist, diesen Menschen weiterhin zu quälen, da sie ihr eigenes Karma damit auch belasten. Aber nur wenige einsichtige werden sich überzeugen lassen.

Was wollen die denn eigentlich?

Entweder Rache für erhaltenes Unrecht in früheren Leben, oder einfach einen Körper haben, um auf der Erde wirken zu können, oder sie erfreuen sich am Unheil und Leid, welches sie verbreiten.

7

Wenn ich nun also höre, daß wir lernen sollen, scheint mir das schon in Richtung des Sinnes des Lebens zu gehen. Generationen von Menschen haben danach gesucht und verzweifelten, wenn sie den Sinn nicht finden konnten. Nun frage ich Euch Götter selbst: Welchen Sinn hat das menschliche Leben?

Das menschliche Leben hat den Sinn, die inkarnierten Seelen zu entwickeln, vom Unvollkommenen zum Vollkommenen, vom Bösen zum Guten. Es ist eine Entwicklung hin zu einer Verfeinerung.

Das bedeutet doch aber, daß die Seelen zuvor unvollkommen und böse gewesen sind. Somit hättet Ihr Götter etwas Unvollkommenes geschaffen.

Nein, wir haben Vollkommenheit geschaffen. Wir hatten es vorhin schon angedeutet, Du hast das offenbar vergessen: Um zu bestehen, braucht es immer die Gegenseitigkeit. Der Tag würde nicht existieren, gäbe es die Nacht nicht und umgekehrt. Es gäbe nicht einmal einen Begriff für den Tag, denn wenn es immer hell ist, wenn es keine Dunkelheit gibt, existiert in Wahrheit weder Licht, noch Dunkel. Wir wollten aber, daß das Gute existiert, daher mußte es auch das Böse geben, also die Abwesenheit des Guten. Das ewige Gute, die ewige Harmonie, das ewige Licht wären also alle gar nicht da, da es der Normalzustand wäre. Das wäre auch furchtbar langweilig. Das ewige Gute wäre dann mit der Zeit wie eine ewige Hölle. Dadurch, daß es das Gegenseitige gibt, dadurch sind diese Dinge überhaupt erst existent geworden. Somit bestand die Möglichkeit, daß Geister sich auch in diesen Bereich des Gegenseitigen begeben können.

Warum sollten sie das tun?

Um sich mit der Gegenkraft auseinanderzusetzen, um neue Erfahrungen zu machen, um ein Ziel zu bekommen, um sich selbst und die Welt, das Seiende, zu verstehen.
Viele böse Geister inkarnieren auch auf der Erde, wollen aber nicht lernen, sondern nur ihre Bösartigkeit ausleben. Für sie ist die Erde nur ein Betätigungsfeld.

Was haben sie davon?

Auf der Erde ist es schöner, als in ihren dunklen Welten, hier können sie das Leben mehr genießen. Und wir versuchen, sie für den Weg des Lichtes zu gewinnen.

Das Ausscheiden und Gehen in die Dunkelheit erinnert an den „Sündenfall" der Bibel.

Die christlichen Religionen sprechen vom „Sündenfall" der in der Vorzeit geschah, das heißt, reine Geistwesen wandten sich von Gott ab und wurden böse. Das ist eine sehr vereinfachte Darstellung, in Wahrheit geschieht so ein „Abfall" täglich, denn täglich machen Geistwesen von der Möglichkeit Gebrauch, sich auf den Weg in die Unharmonie zu begeben, um dadurch neue Erfahrungen machen zu können. Allvater hat es auch Selbst getan, wenn Er zu den Riesen reiste, und auch wir Götter machen das zuweilen.
Unsern Zustand der Seeligkeit und Harmonie können wir erst dann würdigen, wenn wir die Abwesenheit der Harmonie kennen. Wer ewig im Lichte leben kann, der freut sich darauf, auch einmal die Dunkelheit kennenlernen zu können. Wenn er dann im Dunkeln ist, dann erst lernt er, das Licht zu schätzen und er hat das Ziel, sich zurück zum Licht zu entwickeln. Das aber braucht Zeit und viele Inkarnationen durch die verschiedenen Formen des Lebens nämlich Mineral, Pflanze, Tier, Mensch.

Wieviele Inkarnation als Mensch sind nötig?

Je nachdem, wie schnell eine Seele lernt und voranschreitet. Für die einen sind das einige wenige Inkarnationen, für die anderen sehr viele.

Also ist der Sinn des Lebens Lernen und Rückentwicklung zum Göttlichen hin. Bedeutet das nicht auch Weltflucht, wie es verschiedene Religionen lehren?

Ihr seid in der Materie inkarniert, um hier zu wirken und zu lernen. Es ist nicht Eure Aufgabe, der Materie zu entsagen und Euch in die Einsamkeit und Askese zurückzuziehen.

Dann machen es buddhistische Mönche genauso falsch, wie etwa christliche Ordensleute?

Es kann zwar durchaus auch sinnvoll sein, sich zeitweilig einmal zurückzuziehen um durch Meditation usw. Erkenntnisse zu finden, aber das ist nicht der Weg für ein ganzes Leben. Aber wenn sie nicht nur in der Einsamkeit eines Klosters leben, sondern dort auch arbeiten, sich um andere Menschen kümmern und eine spirituelle Umgebung verbreiten, ist das in unsern Augen gut.

Wenn ich es also richtig verstanden habe, dann entscheidet sich ein Geistwesen des himmlischen Bereiches freiwillig dazu, sich in die Welt der Verdichtung und Materie und damit weg von der Götterwelt, zu begeben?

Ja, denn erst wenn ein Wesen von Außen auf die Welt der Götter blickt, kann es diese Welt richtig erkennen und würdigen. Es braucht immer den Blick von Außerhalb, um eine Sache richtig erkennen zu können.

Es ist doch aber ein hoher Preis zu zahlen, denn der Rückweg durch die Materie mithilfe vieler teils sicher schwerer Erdenleben ist mühsam und dauert lange.

Dadurch, daß sich ein Wesen in die Welt des Dunkels und der Unharmonie, auch des Bösen, begeben hat, hat es sich auch selbst gewandelt und dieser Umgebung angepaßt. Um seine Harmonie wieder zurückzuerhalten, braucht es Zeit.

Wie kann man sich diese Zustände der Harmonie oder Unharmonie vorstellen?

Jedes Geistwesen hat in sich den Götterfunken. Dieser ist die Ursache des Lebens des Wesens und dieser Götterfunke wird in der Unharmonie sehr verdunkelt. Es ist daher notwendig, daß dieser Götterfunke wieder zum Leuchten gebracht wird, um den alten Zustand wieder zu erreichen.
Das Mysterium dabei ist, daß sich quasi das Göttliche zusammen mit dem Wesen entwickelt, neue Erkenntnisse bekommt und vervollkommnet. Der göttliche Kern jedes Wesens entwickelt sich also zusammen mit dem Wesen. Darum sind das Verlassen der Harmonie der Götterwelt und die Rückkehr in sie Bestandteile der Ursache der Schöpfung: Das Göttliche wollte sich entwickeln, dafür erschuf es uns Götter und die Geistwesen sowie die himmlischen Welten.

In diesem Zusammenhang interessiert mich auch, welche Stellung die Tiere dabei haben.

Die Wesen, die noch ganz am Anfang ihres Rückweges stehen, durchlaufen alle Stadien der Entwicklung. Sie inkarnieren in Mineralien, z. B. Steinen, dann in Pflanzen, und schließlich werden sie in Tierkörpern geboren. Zuletzt vor der Inkarnation in einem menschlichen Körper werden sie in einem höheren Tier inkarniert, das auch Vebindung zu Menschen hat, wie etwa ein Haustier. Erst wenn diese Stufen durchschritten sind, wird so eine

Seele dann in einen menschlichen Körper inkarniert. Die Tiere sind also Seelen, die irgendwann auch Menschen werden und die einst Geistwesen unserer Welt gewesen sind. Deswegen solltet Ihr mit den Tieren liebevoll umgehen. Menschen, Tiere, Pflanzen und selbst Steine haben in sich den Götterfunken und sind Teile des Göttlichen. So solltet Ihr sie auch behandeln.

Aber es ist uns doch gar nicht möglich, auf der Erde zu leben ohne Tiere unbewußt zu töten oder für die Ernährung zu schlachten. Wenn wir einen Weg gehen, treten wir unabsichtlich Insekten tot, wenn wir etwas essen wollen, wollen wir auch gerne Fisch oder Fleisch essen.

Der Tod steht allen Lebewesen bevor und es ist mit eine Aufgabe der höheren Wesen, durch Tötung für die Weiterentwicklung der Seelen der niederen Lebewesen zu sorgen. Ein Raubtier tötet ein anderes Tier, scheinbar um sich zu ernähren, aber das Raubtier trägt dadurch dazu bei, daß die Seele des Beutetieres den Körper verläßt und woanders inkarnieren kann. Damit wird die Entwicklung der Seele befördert.
Und wenn Ihr unbewußt Insekten tötet, dann trägt Ihr auch dazu bei, daß deren Seelen einen Schritt weiter in die nächste Inkarnation gehen.
Etwas anderes ist es, wenn Ihr ohne Grund, zum Spaß oder aus niederster Mordlust Tiere tötet. Das ist Euch nicht gestattet und wird von uns entsprechend bestraft.

Dürfen wir nun also Fleisch und Fisch essen, oder nicht?

Ihr habt die Möglichkeit, Euch rein pflanzlich zu ernähren. Die Pflanzen sind zwar auch Lebewesen, aber stehen Euch nicht so nahe, wie die Säugetiere. Ihr seid von uns dazu bestimmt, Euch pflanzlich zu ernähren, und wir erlauben Euch nur unter extremen Bedingungen, davon abzuweichen. Wenn es im kalten Winter keine pflanzliche Nahrung gibt, dann dürft Ihr auch Fleisch essen, denn Ihr seid auch verpflichtet, Eure Körper zu erhalten und zu leben.

In Eurer Welt des Wohlstandes aber ist es Euch auch leicht möglich, im Winter Pflanzen zu essen. Darum ist Euch das Essen von Fleisch nicht bestimmt. Es schadet auch Eurer Spiritualität.

Daran halten sich nur wenige Menschen, um die 10 % der Bevölkerung.

Die anderen machen es falsch und erhalten die Bestrafung durch Krankheiten meist auch schon in ihrem jetzigen Leben, spätestens im nächsten. Denn jede Handlung, jeder Gedanke hat Folgen.

Warum habt Ihr denn dieses Verbot nicht klar geäußert?

Haben wir. Noch heute ist es im Hinduismus das Ideal, auch in anderen Religionen sind unsere Regeln bekannt gewesen. Auch Eure Wissenschaftler haben erforscht, daß Eure ursprüngliche Anlage die der Frucht- und Pflanzenesser ist. Da wir aber den Menschen den freien Willen belassen, schreiten wir nicht ein, wenn sich Menschen falsch entscheiden.

Wie frei ist der „freie Wille", wenn jeden Entscheidung in die „falsche" Richtung bestraft wird?

Die Strafe ist ja letztendlich eine logische Konsequenz. Wer sich ungesund ernährt, der wird dadurch eben krank und das ist dann schon seine Strafe. Die Strafe hat er sich ja selbst zugelegt.
Die Ernährung mit Fleisch bedeutet auch, daß Tiere leiden müssen und gequält werden im Auftrag der Fleischesser, die deswegen eine Teilschuld an diesen Quälereien haben. Das wirkt sich natürlich karmisch in den nächsten Inkarnationen aus, wenn die Menschen selbst leiden müssen bzw. in entsprechende Situationen kommen. Jede Handlung hat Folgen.

Wenn ich an die unzähligen kleisten Lebewesen denke, die nur mit einem Elektronenmikroskop überhaupt sichtbar gemacht werden können, Bakterien usw. und dann Eure Aussage, daß Lebewesen eine Seele haben, die beim Tod in einen neuen Körper gelangt, dann stelle ich mir das allein technisch schon sehr unmöglich vor. Wie sollte das gehen?

Zunächst: Die ganz winzigen Lebewesen haben noch keine perfekt ausgebildete Individualseele. Wie alle Lebewesen haben sie aber auch eine Gruppenseele. Es sind kleine Geistwesen, die bei der Entwicklung helfen.

Was sind das für Geistwesen?

Das sind die Naturgeister; Ihr habt sie auch Elfen, Gnome, Zwerge genannt.

Gibt es die denn wirklich, nicht nur in den Sagen und Mythen? Ich glaube zwar daran, weil ich mehrere Menschen kenne, die berichteten, daß sie sie gesehen haben, aber sicher kann ich nicht sein.

Natürlich gibt es sie, allen Mythen liegen doch wahre Begebenheiten zugrunde.

Manche Forscher behaupten, Zwerge wären nur Kinder gewesen, die man in den engen Bergwerken zur Arbeit eingesetzt hatte.

Warum kennen dann auch Kulturen, wo es keinerlei Untertage-Abbau gab, diese Wesen? Das sagt Dir doch schon, daß diese Deutung nicht stimmen kann.

Wie sehen diese Naturgeister aus?

Es gibt unterschiedlichste Völker oder Spezies von Naturgei-

84

stern, sehr kleine, die z. B. auf einer Blüte sitzen können, aber auch größere. Entsprechend haben sie auch unterschiedlichste Aufgaben.

Zum Beispiel?

Die ganz kleinen Naturgeister oder Elfen sind für den Schutz und das Wachstum der Blumen zuständig.

In meinem Garten gibt es unzählige Pflanzen jeder Art; da würden sehr viele Naturgeister benötigt.

Ja, so ist es. Aber natürlich hat nicht jede Pflanze einen eigenen Naturgeist.

Können wir mit diesen Wesen in Verbindung treten?

Selten haben Menschen sie gesehen, aber die Menschen früher haben sich im Gebet an diese Wesen gewendet und sie um Hilfe gebeten, um so das Wachstum auf den Feldern zu fördern.

Sind diese Wesen uns Menschen wohlgesonnen?

Eigentlich schon, nachdem aber die Menschen diese Wesen nicht mehr in ihr Denken und Handeln einbeziehen und nachdem sie die Natur so ausbeuten und zerstören, wenden sich die Naturgeister oft von ihnen ab.

Was bedeutet das?

Dort, wo diese Gesistwesen nicht mehr so häufig sind, verarmt die Natur und es gibt weniger Vielfalt. Die Pflanzen können nicht mehr in dem Maße betreut und gepflegt werden, wie es wünschenswert wäre. Oft kommen dann auch noch die dunklen Naturgeister, die es auch gibt, und sie bringen den Menschen z.

B. Krankheiten, genauso auch den Pflanzen.

Die nannten unsere Vorfahren Schwarzalfen. Was wollen diese dunklen Naturgeister?

Sie wollen das Wachstum verhindern und Wüste schaffen. Alles was grünt und blüht und die Fruchtbarkeit ist ihnen zuwider. Sie sind eben die Gegenkräfte.

Angenommen ein Samenkorn liegt im Boden, aber die Naturgeister haben sich zurückgezogen. Keimt es dann noch?

Ja, es geht auch ohne die Hilfe, doch fehlt dann eben der jungen Pflanze der Schutz und die Hilfe der guten Naturgeister. So können niedere Wesen sich dieses Krautes annehmen, sofern sie nicht auch fehlen, denn auch sie fühlen sich beim Menschen oft nicht wohl. So eine Pflanze hat in jedem Falle nicht mehr den Wert für Eure Ernährung, den sie haben könnte, wenn die guten Naturgeister sie betreuen. Sie kann z. B. krank werden oder nur wenig wachsen. Die Natur ohne die guten Naturgeister verarmt.

Was können wir tun, um das Weggehen der guten Naturgeister zu verhindern?

Ihr könnt sie in Euer Denken einbeziehen, könnt ihnen danken, wenn es gut wächst und könnt sie anrufen, daß sie gerne kommen und ihnen Gaben hinstellen. Ihr müßt Euch diese kleinen Naturgeister wie scheue Vögel vorstellen, die man leicht verscheuchen kann und nur mit Mühe dazu bringt, wiederzukommen.

Ihr spracht von der Gruppenseele. Haben alle Lebewesen so eine Gruppenseele?

Ja, Pflanzen, Tiere und Menschen.

Wie umfangreich ist so eine Gruppenseele, umfaßt sie also z. B. alle Katzen, oder nur jeweils bestimmte Arten, etwa Tiger, Löwen, Luchse?

Jede kleine Unterart hat eine etwas andere Gruppenseele.

Und wie ist das beim Menschen, gibt es eine Gruppenseele für alle Menschen, oder jeweils für die Menschenarten oder sogar Unterarten?

Ja, die Gruppenseelen unterscheiden sich nach den Stämmen und Abstammungsgruppen.

Was bedeutet das?

Daß jeder Stamm eine andere Mentalität, einen andern Wertekanon und andere Interessen hat. Deswegen unterscheiden sich ja z. B. auch die Mythen etwas und die Märchen und Sagen, denn der jeweilige Stamm bringt ja immer seine Mentalität mit hinein.

Was geschieht in einer multiethnischen Gesellschaft?

Da wird die Gruppenseele verwässert, d. h. sie kann sich nicht mehr so auswirken, wie es sein müßte.

Und welche Folgen hat das?

Unsicherheit für die Menschen, fehlender Zusammenhalt, fehlendes Mitgefühl, fehlende Kraft. Denn dort, wo es noch eine homogene Ethnie gibt, gibt es auch ein Spüren für Dinge, die einzelne Angehörige betreffen. Du kannst Dir das wie eine telepathische Verbindung zwischen allen Individuen vorstellen; wenn einem etwas passiert, spüren oder ahnen das die anderen. Das entfällt, wenn die Gruppenseele geschwächt wird.

Und was bedeutet das für die Kraft, die Ihr erwähntet?

Diese Kraft wird schwächer, der ganze Stamm wird schwächer und es besteht die Gefahr, daß er ganz untergehen wird.
Es gab immer Stammesgottheiten, die also für ihren Stamm wirkten und ihm halfen. Diese Hilfe wird dann nicht mehr bestehen.

Ja, ich weiß, daß viele Stämme nach Gottheiten benannt sind, teils auch nur indirekt. So etwa die Sachsen nach Saxnot, dem Schwert- oder Kriegsgott, die (West-)Phalen nach Phol (Baldr) usw. Steht denn dann so eine Gottheit dem jeweiligen Stamme auch bei?

Ja, denn einmal hatte Allvater Selbst, als Er auf der Erde weilte, die Götter zu den Stämmen geordnet, außerdem übernehmen wir solche Funktionen gerne, da es auch für uns ehrenvoll ist. Wenn wir aber sehen, daß das Tun der Menschen zum Untergang des Stammesvolkes führen wird und sie nicht auf uns hören, dann wird so eine Stammesgottheit ihre Hilfe beenden müssen.

Ihr könntet doch auch einer gemischten Ethnie genausogut helfen.

Nein, denn die eingewanderten Ethnien haben andere Gruppenseelen, andere Vorstellungen und Werte. Was uns wichtig ist, wird dort abgelehnt. Sehr oft bringen diese Menschen aus ihrer Heimat auch Dämonen mit, die sich hier unbemerkt ausbreiten. Ihr merkt es an der Zunahme der Verbrechen.

Sollten wir also unser Land abriegeln und gegen Fremde verteidigen?

Das wäre richtig und von uns auch gefordert. Jedes Tier grenzt sein Revier ab und verteidigt es, das müßt Ihr auch tun, das ist göttliches Gesetz. Wenn Ihr zu schwach seid, verliert Ihr Euer

Land und andere nehmen es ein.

Wenn sich das Starke durchsetzen soll, ist das nicht sehr darwinistisch, und nicht göttlich?

Allvater hat zusammen mit Seinen Brüdern die Welten geschaffen und dort diese Gesetze niedergelegt. Was in der Natur gilt, kann nicht falsch sein, sofern es nicht durch Dämonen verursacht wird. Das Starke soll siegen, um so in der Zukunft noch Stärkeres erzeugen zu können. Das Christentum hat diesen Gedanken verloren und trägt damit eine Mitschuld daran, wenn Völker untergehen.

Und was ist mit dem Schwachen?

Ja, auch das soll existieren, aber nur geschützt durch das Starke. Allein muß das Schwache untergehen. Wäre das nicht so, würde die Welt mit der Zeit immer schwächer werden und untergehen.

Wir Menschen wollen aber, daß alle gut leben können, die Starken wie die Schwachen.

Ihr betrachtet nur Eure Lebenszeit. Zeit hat aber für uns eine ganz andere Bedeutung. Wir existieren ewig und die Zeit eines Menschenlebens ist aus unserer Sicht nur ein kurzer Augenblick. Wir sehen das Ganze, und das Ganze darf nicht schwächer werden und untergehen, das wäre nicht in unserem und auch nicht in Eurem Sinne.

8

Uns Menschen interessiert natürlich besonders auch die Frage, inwieweit unser Schicksal von Euch Göttern vorherbestimmt ist oder ob wir die Macht haben, es selbständig zu verändern.

Der Rahmen Eures Lebensschicksals ist vorherbestimmt, Eure eigene Macht besteht darin, diesen Rahmen auszufüllen.

Ihr deutetet es vorhin an: Unsere Lebenslänge ist vorherbestimmt.

Ja.

Können wir daran nichts ändern?

Durch Euer Leben könnt Ihr bewirken, daß Euch zusätzliche Zeit gegeben oder auch Zeit genommen wird.

Wie das?

Angenommen, jemand vergeudet seine Lebenszeit, tut nichts zu seiner Entwicklung und auch nichts für die Gesellschaft, lebt also nur für sich unnütz in den Tag hinein, dann wird klar, daß er in diesem Leben keine Entwicklung mehr vollziehen wird. Es ist dann in seinem Interesse, daß diese Inkarnation schneller beendet wird, damit die Seele in einem neuen Leben versucht, weiterzukommen. Umgekehrt kann es Menschen geben, deren Lebenszeit verlängert wird, weil sie in ihrer Entwicklung Fortschritte machen. Auch gibt es Krankheiten, die den Menschen wieder auf seinen von ihm selbst vor der Inkarnation gewählten Weg bringen sollen. Wir haben ein Interesse daran, daß die Entwicklung zu uns zurück möglichst schnell erfolgt.

90

Warum?

Nun, wie wir Dir ja schon mitteilten, gibt es in unserer Welt Paare und Familien. Oft sind Mitglieder dieser Familien oder das Dual in einer Paarung auf der Erde inkarniert. Die geistigen Verwandten sehnen sich nun aber danach, diese Mitglieder möglichst bald wiedersehen zu können.

Dann wäre es doch schlauer gewesen, gar nicht erst „abzufallen" in die Dunkelwelt.

Nein, es wäre auf die Dauer langweilig. Selbst die Freude auf ein Wiedersehen in der Zukunft gäbe es dann nicht. Und die vielen Erfahrungen, die die Seelen gemacht haben, stünden nicht zu Verfügung.

Wenn unsere vorbestimmte Lebenszeit zu Ende ist, werden wir sterben. Aber es könnte doch sein, daß der Körper noch gut funktioniert und der Mensch also weiterleben könnte.

Der Tod wird von bestimmten Geistwesen herbeigeführt. In Euren Religionen heißen diese Geistwesen Todesengel oder Todesnornen. Die Walküren führen dann die Seelen in unsere Welt.

Heißt das, daß z. B. ein Autounfall absichtlich von diesen Geistwesen konstruiert wird, damit ein Mensch stirbt?

Das geschieht täglich.

Aber wie kann es sein, daß ein Mensch sein Leben lang zu Euch Göttern und zu Geistern betet, und diese Geister organisieren dann für ihn so einen schlimmen Tod?

Ihr betrachtet den Tod immer nur aus der menschlichen und diesseitigen Position heraus. Würdet Ihr den Tod von unserm

Standpunkt aus sehen, dann wäre er gar nicht schlimm. Wir freuen uns, wenn ein Mensch durch den Tod in unsere Welt gelangt, verwandte Geistwesen sind meist dabei und nehmen die Seele des Sterbenden in Empfang. Der Tod gehört zur Entwicklung dazu. Ihr freut Euch ja auch, wenn ein Kind geboren wird, wenn also ein Geistwesen in Eure Welt eintritt. Und wenn ein Geistwesen in unsere Welt eintritt, ist das auch für uns ein Grund zur Freude, insbesondere, wenn dieses Wesen ein erfolgreiches Leben geführt hatte.

Trotzdem ist man da enttäuscht, wie das Schwein, welches der Bauer immer gestreichelt hatte, und es dann doch schlachtet.

Es ist nicht alles so einheitlich, wie es Dir erscheint. Es gibt Götter und Geister, die einem Menschen beistehen und andere, die wissen, daß sein Leben nun irgendwie enden muß. Leicht machen wir uns die Entscheidungen nicht.

Wißt Ihr im voraus, wie wir handeln, wie wir uns in bestimmten Situationen entscheiden werden?

Ja, in der Regel schon. Wir kennen Eure Charaktere, wir kennen Eure Anlagen, wir kennen Eure Gedanken, und deswegen können wir in etwa abschätzen, wie Ihr Euch entscheiden werdet. Aber auch wir wissen es nicht immer richtig.

Was außer dem Tod ist uns noch vorherbestimmt?

Alle großen Schicksalsschläge im Guten wie Schlechten sind Euch vorherbestimmt. Es sind Prüfungen, die mithelfen sollen, Euch zu bewähren. Oft habt Ihr selbst diese Prüfungen gewünscht und Euch eine entsprechende Lebensaufgabe freiwillig gestellt.

Wann?

Vor Eurer Inkarnation habt Ihr Euch Aufgaben gestellt, deren Lösung Euch auf Eurem Wege weiterbringen soll. Wenn Ihr dann im menschlichen Körper inkarniert seid, wißt Ihr zwar nicht mehr, daß Ihr selbst es wart, die bestimmte Prüfungen gewünscht hatten, aber diese Prüfungen finden dennoch statt.

Es wäre doch viel einfacher, wenn wir uns daran erinnern könnten, was wir vor der Inkarnation gewollt haben.

Nein, denn dann gäbe es für Euch den Beweis der Existenz unserer Welt. Diesen Beweis dürft Ihr nicht bekommen.

Kann es passieren, daß ein Mensch sich überhaupt nicht daran erinnern kann, was seine Inkarnationsaufgabe ist und daß er sich dann auch in keinster Weise bemüht, sie zu lösen?

Das geschieht oft. Die Geister erinnern den Menschen dann im Traum daran. Sollte aber alles erfolglos bleiben, dann wird dem Menschen ggfls. auch seine Lebenszeit verkürzt.

Im Traum? Man träumt doch nicht von Geistern, die einem sagen, was man tun soll?

Wenn Ihr im Tiefschlaf seid, tritt Eure Seele aus dem Körper heraus und ist in unserer Welt. In dieser Zeit schulen wir die Seele, erinnern sie an ihre Aufgaben und besprechen alles. Wenn der Mensch aufwacht, erinnert er sich zwar bewußt nicht daran, aber im Unterbewußtsein bleibt doch einiges hängen und das Gewissen des Menschen führt ihn dazu, entsprechend zu handeln.

Gibt es Methoden, wie man das eigene Schicksal im voraus erfahren kann?

Ja, es gibt verschiedene Methoden der Divination, auch die

93

schon erwähnte Astrologie kann es anzeigen.

Was haben denn die Sterne mit unserem Schicksal zu tun?

Bei der Geburt wird dem Neugeborenen das Aurakraftfeld aus den Kräften, die zur Geburtsstunde herrschten, gebildet. Diese Kraft, es ist die Odkraft, bewirkt bestimmte Eigenschaften und auch bestimmte Schicksalsereignisse. Alles ist miteinander verbunden, nichts geschieht zufällig oder ohne Bestimmung. Wir bringen die äußeren Dinge wie bestimmte Planetenkonstellationen mit ihren Wirkungen in Einklang mit dem individuellen Schicksal eines Menschen. Eine Seele, die ein schweres Schicksal bekommt, die wird unter einer entsprechend schwierigen Konstellation verkörpert.

Der Hinduismus kennt den Begriff des Karma, des selbsterworbenen Schicksals, den unsere Vorfahren Örlög nannten und den Ihr schon erwähnt hattet.

Ja, das ist eine alte Wahrheit. Wir bestimmen der Seele das Schicksal nicht willkürlich, sondern es wird als Folge der Handlungen dieser Seele in den früheren Leben verfügt. Die Seele muß die Folgen ihrer eigenen Handlungsweisen aus früheren Leben tragen, muß Fehler abarbeiten und kann für Gutes belohnt werden.

Wenn wir also Menschen sehen, die in schweren Umständen leben, die z. B. arm sind oder behindert, bedeutet das, daß diese Menschen letztendlich nur die Vergeltung für ihr eigenes falsches Handeln in früheren Leben abtragen müssen?

Meist ist es so. Es gibt aber auch gute Seelen, die sich ein schweres Leben aussuchen, weil sie ihre Entwicklung schneller durchlaufen wollen, oder weil sie eine besondere Aufgabe übernommen haben.

94

Dann wäre es doch richtig, solchen Seelen das Leben nicht zu erleichtern, damit sie umso schneller diesen Zustand überwinden können. Würde man ihnen helfen und ihnen das Leben angenehm machen, würden sie ja ihr Karma gar nicht abtragen können.

Ihr wißt ja nicht, wie das individuelle Karma einer solchen Seele aussieht. Vielleicht war es so einer Seele bestimmt, nur eine gewisse Zeit in dem schlechten Zustand leben zu müssen und diese Zeit durch Eure Hilfe zu beenden. Wenn Ihr dann aber nicht helft, würde sich der Zustand für die Seele nicht bessern und das wäre auch Eure Schuld.

Also haben wir doch die Möglichkeit, in Eure Bestimmung aktiv eingreifen zu können.

Nein, denn wenn der Zustand der leidenden Seele zu Ende ist, dann wird er auch beendet, sei es durch Euer Eingreifen, sei es durch das Eingreifen eines anderen. Immer vollzieht sich, was wir bestimmt haben.

Wenn es sich also sowieso vollzieht, wie Ihr es bestimmt habt, dann brauchen wir ja erst recht nicht einzugreifen, denn Ihr werdet es auch ohne unser Eingreifen schaffen, Eure Bestimmung durchzusetzen.

Du erwartest, daß wir uns materialisieren und als Personen eingreifen. Du erwartest das „Wunder", das wir gegen die Naturgesetze, die wir selbst geschaffen haben, eingreifen.
Nein, das tun wir nicht. Wir wirken durch die Menschen, indem wir den Menschen eingeben, in bestimmter Weise zu handeln. Je mehr Menschen sich uns öffnen, desto mehr Möglichkeiten haben wir, einzugreifen. Wir benutzen Euch also als Werkzeuge für das, was wir bewirken wollen. Umgekehrt benutzen auch die riesischen Geister, die Dämonen, diejenigen Menschen, die sich diesen dunklen Kräften öffnen.

Wenn uns sowieso die wichtigen Dinge von Euch vorherbestimmt sind, dann brauchen wir uns doch gar nicht bemühen, denn dann geschieht doch sowieso alles, was Ihr bestimmt habt. Wenn Ihr einem Menschen also Glück und Reichtum bestimmt habt, dann braucht der sich ja gar nicht bemühen und wird dennnoch reich.

Grundsätzlich schon. Aber genauso, wie es Euch möglich ist, die Euch bestimmte Lebenslänge durch Euer Leben zu verlängern oder zu verkürzen, so kann auch eine solche Bestimmung des Reichtums durch Euer Leben gewandelt werden. Denn Ihr habt den freien Willen und könnt Euch frei entscheiden, ob und was Ihr tun wollt.

Ihr hattet vorhin von Krankheiten gesprochen, die den Menschen auf seinen richtigen Weg bringen sollen.

Ja, es können Krankheiten bzw. Unfälle verhängt werden, die den Menschen zum Nachdenken über das Leben und dessen Sinn bringen sollen.

Wie ist das mit dem „freien Willen" zu vereinbaren? Die Nutzung des freien Willens kann doch nur dann erfolgen, wenn jede freie Entscheidung ohne negative Folgen bleibt.

Die Seele hat sich vor der Inkarnation eine Lebensaufgabe gewählt und sie selbst ist es, die von der Geisterwelt erwartet, daß sie durch entsprechendes Eingreifen auf den richtigen Weg gebracht wird. Der freie Wille wurde also schon vor der Inkarnation genutzt, und eine Krankheit ist nur die Folge. Wie überhaupt alle angeblichen Bestrafungen immer nur Folgen der Handlungen sind. Wenn sich ein Mensch frei entscheidet, Bankräuber zu werden, dann ist seine Festnahme und Verurteilung eine Folge dieser freien Entscheidung.

Ihr könntet doch theoretisch eingreifen, um einen Menschen vor den Folgen seiner falschen Entscheidungen zu schützen.

Wenn sich ein Mensch frei entscheidet, an die spirituelle Welt nicht zu glauben und die von uns aufgestellten Regeln nicht einhält, dann ziehen sich die helfenden Geistwesen zurück. Unter solchen Bedingungen können sie nicht wirken und der Wille des Menschen wird akzeptiert, die Hilfe wird ihm nicht gegen seine Überzeugungen aufgezwungen. Das nutzen die Dämonen aus und versuchen, diesen Menschen ganz unter ihre Kontrolle zu bekommen. Das hat die Folge, daß dieser Mensch auch von Krankheiten befallen werden kann, denn Dämonen verursachen oft Krankheiten.
Die freie Entscheidung des Menschen hat also zu einer für ihn unangenehmen Folge geführt, es ist aber eben nur eine Folge, keine von uns verhängte Bestrafung.

Verhängt Ihr denn überhaupt eine Bestrafung?

Selten, denn wir wollen ja nur das Gute.

Aber wir kennen aus den Mythen die Schilderung von einer Jenseitsbrücke, über die die Seelen gehen und schuldbeladene Seelen fallen herunter in die Straforte. Oder eine Waage, auf der die guten und schlechten Taten abgewogen werden. Gibt es so etwas?

Ja, es findet im Jenseits eine Trennung der Guten und Bösen statt und alle werden in die ihnen zustehenden Sphären verwiesen.

Wer sorgt dafür, daß das so abläuft?

Das geht ohne unser Zutun. Wenn ein Mensch in seinem Leben böse war, dann hat sein Geistkörper eine niedere Schwingung.

97

Die Seele findet sich nach dem Tode in einer Welt wieder, die genau ihrer Schwingung entspricht – Ihr nennt es „Fegefeuer". Ein guter Mensch findet sich entsprechend in einer Welt mit höherer Schwingung wieder. Ihr selbst also seid es, die durch Euer Handeln festlegen, wohin Ihr gelangen werdet. Dort gibt es andere Seelen, die auch diese Schwingung haben. Ein Verbrecher findet sich also in einer Welt niederer Schwingung zusammen mit den Seelen anderer Verbrecher mit gleich niederer Schwingung wieder. Dort ist es natürlich nicht angenehm und den Zustand dort kann man als Strafe bezeichnen. Aber eigentlich ist so eine Verbrecherseele nur unter Ihresgleichen, was ihr ja eigentlich entspricht.

Wie sieht es in so einer Strafwelt aus?

Es gibt Welten, da ist es immer dunkel, nur kurze Zeit ist etwas Dämmerlicht am Horizont zu sehen. Es gibt Welten, da ist es neblig und man erkennt andere Seelen erst, wenn man ihnen nahe kommt. Es gibt Orte, da leiden die Seelen in tiefen dunklen Pfuhlen, deren Wasser schneidet, als seien Messer darin. Oder sie befinden sich an Orten, da kommt ätzendes Wasser über sie. Alles Göttliche fehlt und Dämonen sind dort. Denn die Verbrecherseelen sind ja selbst nun Dämonen geworden und quälen sich gegenseitig. Die Mißachtung des Anderen, die Mordlust und andere böse Eigenschaften sind diesen Seelen ja geblieben.

Gibt es denn kein Entrinnen für diese Seelen?

Doch, wenn ihre Zeit gekommen ist, können sie erneut auf der Erde inkarnieren und dort lernen und sich bessern. Damit heben sie ihre Schwingung und finden sich nach dem Tode in einer etwas höheren Welt wieder. Auch wenn sie in so einer Unterwelt sind, können sie durch Hebung ihrer Gedanken und der Hinwendung zum Guten leichte Verbesserungen erfahren, doch die größten Fortschritte sind nur durch erneute Erdenleben möglich.

Wenn doch die Schwingung eines Wesens entscheidend ist, in welcher Welt es sich befindet, wie können dann Dämonen aus solchen Welten auf die Erde kommen?

Auf der Erde sind Seelen unterschiedlichster Stufen gleichzeitig inkarniert, deswegen gibt es auf der Erde Orte unterschiedlichster Schwingungen; sehr schöne, harmonische Orte wie schöngestaltete Parks mit Blumen, oder sehr düstere Orte wie Industrieruinen, dunkle, verrauchte und verruchte Lokale usw. Deswegen können Seelen oder Dämonen aus den niedersten Welten auf die Erde kommen, wo sie sich an Orten mit niederer Schwingung aufhalten. Geistwesen höherer Welten finden sich an entsprechenden Orten mit hoher Schwingung.
Ihr seid also immer von beiden Seiten beeinflußt, und je nachdem, für welche Orte Ihr Euch entscheidet, begebt Ihr Euch in die Nähe entsprechender Wesen. Das gilt auch für Euer Denken und Handeln.

Wenn wir uns also für das Göttliche, Gute, entscheiden, sind wir dann automatisch Euch nahe?

Nein, nur wenn Ihr auch entsprechend handelt. Wenn Ihr in Eurer Umgebung Harmonie und Schönheit statt Unharmonie, Unordnung und Chaos verbreitet, dann können die guten Geistwesen an Euch herankommen und ihre helfenden Kräfte einsetzen. Wenn nicht, dann kommen sie gar nicht an Euch heran und müssen zusehen, wie die Dämonen Euch bedrängen. Die Dämonen verschaffen Euch Unglück und Leid, statt Glück.

Das Schaffen von Schönheit und Harmonie, wie sieht das aus, was müssen wir tun, um es zu erreichen?

Ihr habt viele Möglichkeiten. Ordnung ist der Anfang, denn die Welt von uns Göttern und den Lichtgeistern ist eine Welt der Ordnung. Unordnung und Chaos hingegen ist die Welt der zer-

störerischen Kräfte. Dann Reinheit, Sauberkeit. Gestank ist etwas, was Dämonen lieben, während die Lichtwesen nur Wohlgerüche lieben. Für Lichtwesen ist Gestank unerträglich und es fällt ihnen sehr schwer, sich dort aufzuhalten. Das geht nur sehr kurze Zeit, wenn es wirklich nötig ist. Umgekehrt halten niedere Dämonen Wohlgerüche von Blumen oder Weihrauch nicht lange aus und fliehen. Der nächste Punkt ist Schönheit. Man kann ein Haus, eine Wohnung schön einrichten, mit natürlichen Materialien, Schnitzungen, Verzierungen usw. statt grau und kahl. Man kann sich schön kleiden, oder aber ungepflegt auftreten. Wichtig ist aber auch die Harmonie zwischen den Menschen. Wo Streit und Geschrei ist, fliehen hohe Geistwesen, während Dämonen kommen und diesen Streit weiter anheizen wollen. Liebe statt Haß, Aufopferung statt Egoismus, Freundlichkeit, harmonische Musik wie z. B. klassische Musik und schöne Lieder statt aggressivmachende Krachmusik usw. Auch Drogen und Alkohol sollten eingeschränkt werden.

Hat denn moderne Rock- und Popmusik keinen Platz in einem Leben, welches Euch gefällt?

Natürlich darf man auch so etwas hören, aber nicht täglich, denn ansonsten öffnet man einen Zugang für die Dämonen.

Dann ist auch das Cigarettenrauchen nicht optimal, wenn Wohlgerüche sein sollen?

Richtig. Was den Körper krank macht, macht ihn krank, weil es den niederen Geistern den Zugang öffnet.

Aber es gibt doch immer das Beispiel von dem Förster im Wald, der sein Leben lang geraucht hatte und nicht krank wurde.

Ja, weil er im Walde war. In der Natur halten sich eher höhere Geistwesen auf. Es kommt aber auch auf die gesamte Lebensfüh-

100

rung dieses Försters an: Hat er ansonsten Harmonie verbreitet, und war nur sein Rauchen das Einzigste, was ihn belastet, dann kann das Positive überwiegen und das Negative sich nicht so auswirken. Und es kann Menschen geben, die mit einer sehr wichtigen Aufgabe betreut sind und die deswegen besondere Schutzkräfte der hohen Geisterwelt erhalten.

Oft stinkt es in den Häusern nicht, weil moderne Reinigungsmittel für angenehmen Geruch sorgen.

Trotzdem sind diese Mittel nicht gut. Es sind chemische Substanzen, die vordergründig angenehm riechen, aber nicht ungefährlich sind. Auch übertönen sie oft nur den Gestank, der tatsächlich noch vorhanden ist. Feinstoffliche Wesen spüren ihn weiter.

Natürliche Gerüche sind sicher besser. Wie sieht es mit dem Geruch der Menschen aus?

Das kommt auf die Lebensweise und Ernährung des Menschen an. Ist sie in Ordnung, dann ist der menschliche Geruch als natürlicher Geruch kein Gestank. Bei falscher Ernährung aber entsteht Gestank – das merkt auch Ihr Menschen schon.

9

Ihr hattet schon erklärt, daß es einen Beweis für Euch nicht geben darf. Warum nicht?

Könnten die Menschen lückenlos beweisen, daß es uns und unsere Welt gibt, würden sie nur aus Berechnung Gutes tun und nicht unbeeinflußt von solchem Wissen von sich aus zeigen, wo sie stehen.

Geht es Euch denn darum, daß die Menschheit und Welt gut wird, oder um andere Dinge?

Wir wollen, daß die Menschheit gut wird und die Welt entsprechend eine gute Welt wird. Aber wir wissen auch, daß diese Welt eine Welt des Lernens, der Entwicklung, also eine Aufstiegsstufe ist, die daher noch nicht vollkommen sein kann.

Das reduziert das menschliche Leben auf eine Art Schulausbildung.

Die Weiterentwicklung ist das Ziel der Wesen und für den Weg zu diesem Ziel muß diese Welt geeignet sein. In der Schule lernen Kinder und Jugendliche; Kinder fangen noch ganz unten in der 1. Klasse an und wissen noch sehr wenig, Jugendliche wissen schon mehr, machen viele Fehler nicht mehr und sind schon verständiger.

Und wie es in der Schule die Klassenarbeit gibt, so ist unser Leben in der Welt auch eine Art Prüfung?

Ja. Die inkarnierten Seelen zeigen durch ihr tägliches Denken und Handeln, auf welcher Stufe sie stehen, ähnlich wie die Schü-

ler bei der Klassenarbeit ihr Wissen einbringen müssen, ohne dabei in die Lehrbücher sehen zu dürfen.

Gibt es eigentlich regelrechte individuelle Prüfungen oder Aufgaben?

Ja, indem ein Mensch in eine bestimmte Situation gebracht wird, wo er gut und richtig oder falsch handeln kann.

Wie sehen solche Situationen z. B. aus?

Ein Mensch verursacht schuldhaft einen Autounfall und es sind keine Zeugen zu sehen. Die Prüfung besteht darin, daß er sich der Verantwortung stellen muß und nicht flüchten darf.

Da hätte ich gern mehr Beispiele.

Eine attraktiver Mann versucht, eine verheiratete Frau zu verführen. Sie muß ihm dann widerstehen.
Ein krankes Tier liegt am Wegesrand. Wird der Mensch der vorbeigeht ihm helfen?
Einer Rentnerin fällt die Geldbörse mit den gesamten Ersparnissen aus der Tasche, hinter ihr geht ein anderer Mensch. Wird er der Frau das Verlorene zurückgeben oder selbst behalten?

Zurück zu den spirituellen Wesen. Zuweilen gibt es Menschen, die behaupten, Geister gesehen zu haben oder die Stimmen hörten oder denen andere Dinge aus der spirituellen Welt offenbar wurden, z. B. bei Nahtoderlebnissen. Widerspricht das nicht Eurer Aussage, daß Eure Welt nicht bewiesen werden darf?

Derartige Dinge sind individuell und nie naturwissenschaftlich beweisbar. Wenn ein Mensch erzählt, daß er einen Geist gesehen hat, ist das ja kein Beweis für andere Menschen.
Unsere Welt ist eine Welt des Geistes, eine feinstoffliche Welt.

Eure Welt ist eine Welt der Verdichtung, der Materie, des Grob-
stoffes. Es ist Euch mit den materiellen Mitteln nicht möglich,
das Nichtmaterielle zu erfassen oder gar zu beweisen. Es sind
zwei verschiedene Dinge.

Warum aber gibt es dennoch diese einzelnen Erscheinungen?

Zuweilen halten wir es für notwendig, uns einem bestimmten
Menschen zu offenbaren, wenn wir ihm z. B. eine Aufgabe über-
tragen oder ihm auf seinem Wege helfen wollen. Dir geben wir
zum Beispiel die Aufgabe, über uns zu berichten, um so Men-
schen ein Ziel aufzuzeigen und Irrtümer über uns richtigzustel-
len.

Ist das nicht ungerecht, denn Menschen die so eine Vision erfahren haben, haben doch quasi den Beweis Eurer Existenz?

Diejenigen, die wir auswählen, haben bereits gezeigt, wo sie ste-
hen, welche Stufe ihre Seele eingenommen hat; sie brauchen kei-
nen Beweis, weil sie bereits ganz fest von unserer Existenz über-
zeugt sind und deswegen können wir uns ihnen mitteilen.

Können Menschen durch bestimmte Techniken Visionen herbeiführen auch dann, wenn Ihr es für diese Menschen gar nicht vor-
gesehen habt?

Ja, denn Menschen können ihre Schwingung verfeinern und
durch bestimmte Techniken unserer Schwingung zeitweilig nahe-
kommen und dadurch auch einen Blick in unsere Welt werfen.
Menschen, die solches vermögen, stehen aber bereits auf einer
höheren Stufe. Wer bereit ist, Mühen und Kasteiungen auf sich
zu nehmen um etwas zu erfahren, das er bisher nicht wahrneh-
men konnte, dessen Existenz er nicht beweisen kann, der hat eine
hohe Stufe erreicht und kann die Grenzen der Materie zeitweilig
überwinden.

104

Die Leser dieser Durchgaben würde bestimmt interessieren, mit welcher Technik es möglich ist, in Eure Welt zu blicken.

Dennoch möchten wir das hier nicht erklären. Diejenigen Menschen, die die entsprechende hohe Stufe erreicht haben, finden diese Techniken von selbst, weil wir sie das dann finden lassen.

Zurück zum Thema Gottesbeweis. Was könntet Ihr mir denn sagen, woran man Eure Existenz erkennen könnte, ohne sie naturwissenschaftlich zu beweisen?

Wenn Ihr Euch nur einfach diese Welt anseht, dann müßt Ihr doch vermuten, daß dies alles nicht durch Zufall entstanden sein kann. Alles in der Natur hat einen Sinn, und da sollte ausgerechnet das Ganze ohne Sinn sein?

Nun gut, viele überzeugt das nicht.

Viele Menschen haben auch schon unsere Hilfe erfahren, wenn sie in Schwierigkeiten waren und zu uns gebetet haben. Die sog. „Wunderheilungen", die Eure Ärzte zuweilen feststellen, sind ohne unsere Hilfe nicht erklärbar.

Dennoch versuchen das viele Menschen immer wieder.

Ja, sie sind noch an die Materie gebunden und wollen den Gedanken, daß es mehr gibt, als sie sehen können, nicht wahrhaben.

Warum nicht?

Weil dies verpflichtende Folgen für sie hätte. Das Wissen von unserer Welt bedeutet für viele Menschen, daß ihr materielles Lebensziel nicht richtig ist und geändert werden müßte.

Es gab in der Vergangenheit verschiedene Erscheinungen, etwa Marienerscheinungen z. B. von Fatima oder Lourdes. Beweisen die nicht, daß es auch „Maria" als Wesenheit gibt und das Christentum also die „wahre" Religion ist?

Wenn sich hohe Wesenheiten bestimmten Menschen zeigen, dann wählen sie eine Form, die von den Menschen erkannt wird, denn ansonsten würden diese Menschen ja erschrecken und dem Wesen nicht glauben. So können wir uns in den bekannten Formen zeigen, wie sie in Euren Mythologien überliefert sind, aber wir können auch andere Formen, z. B. aus dem Christentum, annehmen. Oft bleiben wir auch neutral, geben uns also keinen Namen und überlassen es den Menschen, die Erscheinung für sich einzuordnen.

In Lourdes nannte die Erscheinung der angeblichen Maria gegenüber der Bernadette Soubirous einen Namen: „Immaculada conceptiou", was „unbefleckte" oder „reine Empfängnis" bedeutet.

Wenn sich eine Gottheit zeigt, dann soll das diesem Menschen kein Unheil bringen. Hier ging es darum, das Mädchen vor den Angriffen der Zweifler und Spötter zu schützen deswegen nannte die Göttin einen Namen, der christlich eingeordnet werden konnte. Es geht uns ja nicht darum, den Menschen ihre Religion auszureden und sie zu einer andern zu missionieren, es geht uns darum, den Menschen in ihrem Leben zu helfen.

Das heißt, die Göttin hat einen andern Namen?

Ja, es handelte sich ja bei der Grotte von Massabielle um ein altes Heiligtum der Göttin Belisama, und das ist der Name, den frühere Generationen für diese Göttin verwendeten.

Warum verwendete Sie nicht den Namen Belisama?

Weil das den Haß auf das Heidentum auf Bernadette übertragen hätte. Die damaligen Menschen hätten so eine Vision nie ernstgenommen und noch schärfer kritisiert.

Und warum nannte sie dann nicht gleich den Namen „Maria"?

Weil sie eben nicht Maria ist. Der genannte Name ist doppeldeutig und kann auch anders übersetzt werden und sich dann auf die heilige Quelle und die Göttin beziehen.

In den Überlieferungen mancher Religionen heißt es, man dürfe sich kein Bild von Gott machen. Oder es ist verboten, den Namen Gottes auszusprechen. Unsere Vorfahren aber machten sich Bilder von Euch Göttern. War das falsch?

Nein, solche Bilder dienen dazu, unsere Anwesenheit anzuzeigen, außerdem bündeln sie die Gedanken der Betenden und helfen, sich zu konzentrieren.

Die Bilder unser Vorfahren waren oft recht einfach aus Holz und grob geschnitzt, ganz anders als z. B. römische Marmorfiguren. Fühlt Ihr Euch davon nicht irgendwie herabgesetzt?

Nein, denn diese Bilder hatten gar nicht den Anspruch, unser wahres Aussehen wiederzugeben. Und letztendlich kann kein menschliches Bild, selbst nicht eine realistische Marmorfigur, uns jemals richtig wiedergeben.

Warum aber gibt es das Bildverbot in der Bibel, es ist ja eines der zehn Gebote?

Die Priester dieses Gottes hatten ihre heilige Stiftshütte und wollten, daß der Kult, der für sie auch Einnahmen und Ruhm bedeutete, nur dort und unter ihren Nachkommen, den Angehörigen des Stammes Levi, ausgeübt wird. Wären Bilder zugelassen gewesen, dann gäbe es im ganzen Stammesland entsprechende Heiligtümer und die Menschen wären dorthin gegangen, was eine Minderung der Einnahmen für diese Priester des heiligen Zeltes bedeutet hätte.

Also stammt dieses Gebot nicht von einem Gott?

Nein, es wurde von den Schriftgelehrten verfälscht.

Da wir gerade bei der Stiftshütte sind: Hatte sich da tatsächlich Gott geoffenbart?

Ja, es war einer von uns Göttern. Die Priester achteten auf die nötigen Reinheitsvorschriften und deswegen war es möglich. Das hinderte aber Schriftgelehrte nicht daran, Aussagen später zu verfälschen.

Diese Stiftshütte war ein Heiligtum. Sind für die religiösen Feste Heiligtümer nötig?

Es ist hilfreich, wenn Feste in Heiligtümern abgehalten werden, weil dort unsere Kräfte stärker vorhanden sind, als an andern Orten.

Wieso ist das so, Ihr müßtet doch überall sein können?

Wo sich Menschen von uns abwenden und Dämonen sind, da sind wir nicht. Unsere Kräfte finden sich aber in Eurer Welt auch in den Naturkräften, und zusammen ergibt das starke Energien. Auch in andern Orten gibt es unsere Kräfte, aber schwächer.

Wie sieht es mit Tempelgebäuden aus, wäre es sinnvoll, sie zu nutzen?

Das kommt auf den jeweiligen Tempel an. Handelt es sich um Holzgebäude in oder bei einem Heiligtum, dann ist das gut, um sich dort zu versammeln und bei schlechtem Wetter trocken zu bleiben. Handelt es sich aber um Betongebäude in einer lauten Stadt, dann ist es nicht gut, so etwas zu nutzen.

[Anmerkung: leider wurde die Trance hier von Außen unterbrochen, so daß ich diesen Teil nicht weiterführen konnte und später neu ansetzen mußte, wobei das Thema nicht mehr behandelt wurde.]

Dürft Ihr mir hier alles beantworten, was ich frage?

Nein.

Was dürft Ihr nicht sagen?

Wir beantworten alle nicht ernstgenommenen Fragen nicht, wir geben keine Erklärungen z. B. von unbekannten Geschehnissen der Geschichte, wir liefern Forschern keine Anregungen um Euch bisher noch unbekannte Dinge schneller herauszufinden und wir würden auch nie profane Angelegenheiten behandeln. Außerdem offenbaren wir vieles aus unserer Welt nicht. Auch dürfen unsere Antworten nicht zu einer Änderung des Schicksals des Vermittlers oder der Menschheit führen.

Wie ist das gemeint?

Wenn wir Dir z. B. die Lottozahlen nennen würden, die in der nächsten Ziehung fallen, dann könntest Du sie spielen, würdest Reichtum erwerben und Dein Leben sähe dann ganz anders aus. So dürfen wir nicht eingreifen.

Aber Ihr könntet doch helfen, unsere Wissenslücken etwa der Geschichte zu schließen.

Nein, das ist die Aufgabe der Historiker, wir greifen nicht ein, zumal die Wissenschaft immer verschiedene Theorien aufstellt und diskutiert, das wäre dann nicht mehr möglich.

Ja, aber wir wüßten dann doch endlich, was wirklich in der Vergangenheit geschah.

Aber die Wissenschaftler hätten nichts mehr zu forschen und die Menschen, die sich auf diesen Gebieten bewähren müßten, könnten das nicht mehr. Außerdem muß ja jedes Ergebnis begründet werden, eine Begründung, daß wir das gesagt haben, reicht nicht aus. Da Ihr als Seelen schon uralt seid, habt Ihr vieles in früheren Leben selbst erlebt und ahnt im derzeitigen Leben, wie es früher war. Es reicht deswegen auch, sich durch Meditation in das eigene Innere zu versetzen, um etwas über die Vergangenheit zu erfahren.

10

Ihr habt oft über die Dämonen gesprochen. Wer sind diese Dämonen?

Dämonen oder Unholde sind Geistwesen, die sich von uns Göttern abgewendet haben und in diesem Zustand verbleiben wollen, die also nicht auf einen Weg zu uns zurück gehen wollen. Auch Geistwesen haben ja den freien Willen und können sich frei entscheiden.
Dann gehören in diese Gruppe auch die Seelen verstorbener böser Menschen, die nun als Geistwesen leben.

Was wollen sie von den Menschen?

Böse Wesen wollen die Menschen zu Bösem verleiten, um so ihre Zahl zu vergrößern. Einige verleiten die Menschen nur aus Spaß zum Bösen, andere fühlen sich nur in Sphären niederer Schwingung wohl und benutzen die Menschen als Werkzeuge, damit diese solche Sphären auf der Erde entstehen lassen.

Schaden sie uns darüberhinaus?

Ja, denn viele von ihnen wollen das Od von Blut einsaugen, deswegen verleiten sie Menschen zu Bluttaten.

Das klingt sehr nach Vampirgeschichten, das kann doch nicht wirklich so sein?

Doch, denn Blut ist Lebenssaft, ist Kraftspender, und die Dämonen brauchen Kraft, um auf der Erde wirken zu können.

Sie saugen uns Menschen doch aber nicht aus?

Nein, sie versuchen, Menschen so zu beeinflussen, daß diese Menschen andere töten und dabei Blut fließt. Dort halten sich die Dämonen dann auf und stärken sich.

Nie hörte ich, daß bei Toten Blut fehlt.

Geistwesen nehmen der materiellen Welt nichts weg, sondern sie nehmen das Od, also die Schwingung und Ausstrahlung auf. Das tun die guten Wesen z. B. bei Opfergaben, während Dämonen das Blut wollen.

Aber früher wurden auch Euch Göttern Blutopfer gebracht.

Ja, denn auch die guten Geistwesen in unserem Dienst stärkt das Blut. Aber wenn die Menschen bei solchen Opfern die Reinheits-vorschriften nicht strikt einhalten, kommen nur Dämonen und gute Geistwesen bleiben fern. Deswegen haben wir bewirkt, daß solche Opfer nicht mehr vollzogen werden.

Bevor das Christentum kam, waren doch aber Blutopfer noch all-gemein üblich.

Ja, im Norden schon; dort kannte man auch die nötigen Rein-heitsvorschriften noch. Dennoch haben wir schon Jahrhunderte früher offenbart, daß solche Opfer nicht ideal sind, weil die mei-sten Menschen diese Reinheitsvorschriften nicht kannten oder nicht richtig beachteten.

Wie wirkt sich die Nähe zu Unholden für den betreffenden Men-schen praktisch aus?

Die Dämonen versuchen, den Menschen zu lenken. Zuerst sind sie daran interessiert, daß dieser Mensch die äußeren Umstände so gestaltet, daß den Dämonen der Aufenthalt bei diesem Men-schen leicht möglich wird. Sie verleiten ihn also dazu, seine

112

Wohnung unordentlich und unsauber zu halten. Auch stört sie eine harmonische Einrichtung, kahle, kalte Wände, schmuck- und kunstlose Möbel, Schwarztöne, Dunkelheit – so etwas lieben sie. Menschen, die in solchen Wohnungen leben, können sie leichter nahekommen, als Menschen, die innere und äußere Harmonie haben. Sie mögen auch Gestank, Dunst, Streit und Zank. Wenn sie sich also erst in der Nähe eines Menschen aufhalten können, dann versuchen sie, ihm Dinge einzureden, die letztendlich diesem Menschen schaden.

Was sind das zum Beispiel für Dinge?

Das Ausleben von Süchten aller Art, Drogen, Alkohol, Cigaretten. Derartige Drogen öffnen den Menschen für das Eindringen der Dämonen.

Dringen Dämonen richtig in einen Menschen ein?

Ja, das ist ihr Ziel. Labile Menschen werden zeitweilig oder für immer von ihnen besetzt; es ist dasselbe, was auch im Spiritualismus geschieht, wenn ein Trancemedium seinen eigenen Geist aus dem Körper bringt und gute Geistwesen in den Körper eindringen und sich mitteilen, ähnlich wie wir es hier tun. Aber dabei behält das Medium immer die Kontrolle. Dämonen hingegen sind so erdgebunden und möchten die Freuden eines Erdenlebens genießen, was ohne Körper nicht möglich ist. Ihre eigene Unterwelt bietet ihnen ja diese Möglichkeiten nicht. Deswegen versuchen sie, Körper von labilen Menschen zu ergattern, um durch diese Körper in der materiellen Welt handeln zu können.

Gibt es bezüglich dessen, was Dämonen erreichen wollen, Unterschiede?

Ja, es gibt Dämonen, die einfach nur Verstorbene sind, die in ihrem Leben nie an eine höhere Welt geglaubt haben oder die schon zu Lebzeiten als Mensch nach Drogen süchtig waren. Wenn so ein Mensch z. B. ein starker Raucher war, dann vermißt er diesen Geruch nun im Jenseits, daher begibt er sich als Geist an Orte, wo andere Rauchen und er das Od des Rauches mit wahrnehmen kann. So eine Seele ist nicht eigentlich böse, sondern nur auf einer niederen Stufe. Andere begeben sich dahin, wo man trinkt und es nach Alkohol riecht.

Ich dachte, daß Geister nicht von körperlichen Süchten befallen werden können.

Stimmt, aber diese Geister glauben, daß ihnen das guttut und folgen einfach ihren Gewohnheiten, die sie als Menschen hatten.

Was ist mit den Dämonen, die Menschen richtiggehend schaden oder Böses einreden. Was treibt diese dazu an?

Oft sind es gleichfalls Verstorbene, die in ihrem Leben schon böse waren und nun genauso weitermachen wollen. Oder es sind welche, die sehr unter bestimmten Menschen gelitten hatten. Nun, als Geistwesen, wollen sie sich an diesen Menschen oder deren Nachkommen rächen; das können auch die Seelen dieser Menschen in der nächsten Inkarnation sein. Dem Menschen geschieht Unheil durch so einen sich rächenden Dämonen, und er ist sich im derzeitigen Leben keiner bösen Handlung gegenüber dem Dämon bewußt, er hatte aber im früheren Leben dem Dämon sehr geschadet.

Was kann so ein Mensch dagegen tun?

Wir lassen so eine Rache in einem gewissen Maße zu, denn es ist wiederum nur die Folge von falschen Handlungen des betreffenden Menschen. Allerdings ist es für den Geist, der sich rächen will, nicht gut und belastet seine eigene Entwicklung. Denn Rache ist unproduktiv und hilft dem Betreffenden nicht weiter.

114

Haben Menschen die Möglichkeit, sich zu schützen?

Wenn sich der Mensch, der unter der Rache des Dämonen leidet, an uns wendet, helfen wir ihm, sofern es uns möglich ist, denn oft leben solche Menschen selbst in der Unharmonie, so daß es uns sehr schwer fällt, uns ihm zu nähern.

Aber Rache gab es auch bei unsern Vorfahren und finden wir in der Mythologie. Ist Rache also gut oder böse?

Rache in früheren Zeiten war notwendig, da es keine Gefängnisse gab. Verbrecher hätten ihre Verbrechen weiter ungestört ausüben können, wenn sich die betroffenen Menschen nicht gerächt hätten. Rache ist also eine Art Polizeigewalt, die von den Betroffenen ausgeübt wird. In Ländern ohne Gesetze und ohne funktionierende Polizeigewalt ist Rache notwendig und gut, wenn sie im Interesse der Menschen und gerecht ausgeübt wird, wenn also ein Täter durch die Angehörigen des Opfers getötet wird. Wenn aber eine Rache zu einer Fehde wächst und unschuldige oder unbeteiligte Menschen mit einbezogen werden, nur weil sie mit dem Täter oder Opfer verwandt sind, dann ist Rache schlecht.

Im Altertum glaubte man, daß Krankheiten von Dämonen verursacht werden.

Im Altertum wußte man schon sehr viel darüber, viel Wissen ist Euch leider verlorengegangen. Dämonen, die sich an Menschen heranheften, können dem Menschen Kraft nehmen, sie schwächen ihn und sie bewirken auch Krankheiten. Schamanen versuchen daher, zuerst die Dämonen zu vertreiben, bevor sie an die Heilung der Krankheit gehen.

Können wir uns dann also auch heilen, ohne einen Arzt aufsuchen zu müssen?

Das geht bei vielen Krankheiten, sofern sie durch Dämonen ver-
ursacht werden. Ihr müßt dann die äußere und innere Harmonie
wiederherstellen und alles tun, um die Krankheitsdämonen zu
vertreiben. Dabei helfen Euch die guten Geistwesen, die Schutz-
oder Folgegeister, die an Euch herankommen können, wenn Ihr
die Atmosphäre dafür vorbereitet.

Warum helfen uns solche Geister, und was ist ihr Antrieb dazu?

Es sind oft Verstorbene, die nun einiges wieder gutmachen wol-
len, die sich Verdienste erwerben wollen. Oder es sind geistige
Verwandte von Euch, die Eure Entwicklung gerne beschleunigen
wollen. Auch Familienangehörige, die schon gestorben sind,
können die Aufgabe übernehmen, ihre noch lebenden Angehöri-
gen und Nachkommen zu schützen.

Helfen auch Gebete an Euch oder die guten Geister?

Ja, natürlich. Wir wollen uns nicht aufdrängen, wir helfen be-
sonders gerne jenen, die uns darum bitten und die unsere Hilfe
auch würdigen.

Ihr Götter könnt doch nicht überall auf der Welt oder andern
Welten zugleich sein. Wie also soll Euch ein Gebet erreichen?

Die Geistwesen, die um Euch herum sind, Eure Schutzgeister,
hören Eure Gebete und helfen Euch selbst, teilweise bringen sie
uns diese Gebete, aber viele Dinge können sie schon selbst ent-
scheiden.

Gibt es bestimmte Gebetstexte die besonders wirksam sind?

Wichtig ist, daß Ihr mit Euren Gedanken und Euren Herzen da-
bei seid, wenn Ihr betet; die genaue Wortwahl ist nicht entschei-
dend. Und es wäre gut, wenn Ihr Euch direkt an die jeweilige

Gottheit wendet, also sie nennt und mit dem Euch bekannten Namen anredet, falls Ihr ihn kennt.

Sollen wir auch zu den Geistwesen, den Schutzgeistern oder Disen beten?

Sie sind es, die Eure Gebete weiterleiten und deswegen könnt Ihr sie auch im Gebet ansprechen. Auch helfen und schützen sie Euch jeden Tag, was bei manchen Menschen, die sich oft in Gefahr begeben, nicht leicht ist. Dafür verdienen sie durchaus auch Euren Dank.

Entschuldigt, daß ich in diesem Abschnitt einiges noch einmal anders gefragt habe, aber die Kenntnis über die Dämonen und die Hilfe der Gebete scheint mir wichtig.

Ja, das ist sie. Gerne erläutern wir Dinge mehrfach, denn es ist unser Interesse, daß sie verstanden und vor allem auch berücksichtigt werden. Vergeßt nicht, es wartet auf Euch eine wunderschöne Welt, Eure geistigen Familien und Freunde, und je eher Ihr dahin zurückkehrt, desto früher herrscht hier die große Freude des Wiedersehens.

Uns Menschen fehlt eigentlich eine klare Anleitung, wie wir leben sollten, um auf unserem Wege zu Euch schnell voranzukommen. Jede Religion hat andere Ge- und Verbote, und auch die Materialisten reden heutzutage mit und betrachten den Menschen dabei nur als Tier mit mehr Verstand. Könnt Ihr einmal sagen, was richtig und was falsch ist?

Zuerst solltet Ihr beachten, daß das sklavische Befolgen von Regeln nicht nötig ist. Das ist nur etwas für Erstinkarnationen, die daher besonders in Ländern leben, wo es solche Religionen mit strengen Vorschriften gibt. Ihr als im Durchschnitt schon höhere Inkarnationen sollt nicht durch Regeln und Gesetze unfrei und unglücklich leben, sondern es soll Euch ein inneres Bedürfnis sein, nach den göttlichen Regeln zu leben. Euer Inneres soll von sich aus nach den Gesetzen leben und handeln, weil diese Gesetze Eurer Entwicklungsstufe entsprechen und nicht, weil irgendeine Regelsammlung Euch zu einem Handeln anleitet, das Ihr vielleicht gar nicht richtig findet.

Dennoch wüßte ich schon gerne, welche jeweiligen Regeln nun sinnvoll und von Euch gewollt, und welche unsinnig sind.

Die Grundregel ist, daß Ihr keinen Menschen, kein Tier und keine Pflanze ohne Grund tötet. Das Leben muß geachtet werden, denn Leben ist göttlich, alle Lebewesen haben in sich den Götterfunken.

Das erinnert an die Regel der modernen Hexen, „Tue was du willst und schade niemandem".

Oft aber wollen die Menschen etwas, was anderen schadet. Schon die fleischliche Ernährung schadet den jeweiligen Tieren, die dafür sterben müssen, unternommene Flugreisen schaden der Natur, weil die Luft dadurch verschmutzt und Lärm gemacht wird. Genaugenommen schadet alles, was Menschen tun, irgendeinem anderen Lebewesen, es geht also darum, den Schaden so gering wie möglich zu halten und genau abzuwägen, ob eine Tat den damit verbundenen Schaden rechtfertigt.

Also müssen wir zwangsläufig anderen schaden?

Ihr dürft Euch frei bewegen; wenn Ihr durch eine Wiese geht, könnt Ihr unbewußt Tiere oder Pflanzen töten. Ihr dürft Euch schützen z. B. gegen Insekten, die Euch stechen wollen oder die Euer Haus, Eure Wohnung beschädigen. Zur Selbstverteidigung dürft Ihr also Tiere töten. Zur Ernährung dürft Ihr Pflanzen töten und essen, auch Tiere dann, wenn andere Nahrung nicht zur

*Verfügung steht. Wir verlangen z. B. von den Eskimos nicht, daß
sie Vegetarier werden.*

Und andere Menschen?

*Ihr dürft andere Menschen nicht töten, mit Ausnahme der Not-
wehr und Selbstverteidigung. Wenn andere Völker Euch Euer
Land nehmen wollen, dann dürft Ihr Euch verteidigen und die
Angreifer auch töten. Ja, wir erwarten sogar, daß Ihr Euer Land
verteidigt, denn Mut ist auch eine Tugend, die Ihr entwickeln
sollt.*

Ist es erlaubt, Krieg zu führen?

*Nur, wenn der Krieg zur Abwehr von Feinden dient, Angriffs-
kriege, Kriege um Güter der Anderen, sind nicht erlaubt.*

Wie ist z. B. der Golf-Krieg zu bewerten?

*Dieser Krieg war ein Angriffskrieg, es ging dabei um das Erdöl
und um den Import eines bestimmten politischen Systems. Dieses
Recht steht den Angreifern nicht zu. Wenn in einem Lande Unge-
rechtigkeiten geschehen, ist das allein Sache dieses Landes und
seines Volkes und darf nicht als Vorwand für ein Einmischen eines anderen Landes genommen werden.*

Aber ist nicht z. B. der Krieg gegen den IS (islamischer Staat) in
Syrien notwendig, um die Bevölkerung zu schützen?

*Es ist ein Bürgerkrieg, der allein von den Einwohnern dieses
Landes geführt werden darf, andere Länder dürfen sich nicht
einmischen. Erst wenn der IS ein anderes Land angreift, darf es
sich verteidigen und dabei auch den IS in dessen Ursprungsland
bekämpfen.*

Zählen Terrorangriffe von IS-Leuten als Angriffe?

Nein. Es gibt immer Menschen, die aus Fanatismus andere Menschen töten, aber das ist kein eigentlicher Angriff.

Wie sieht es mit dem Krieg zwischen Israel und Palästina aus?

Beide Völker sind nahe verwandt und beanspruchen dasselbe Land für sich. Beide müssen sich arrangieren und lernen, friedlich in einem gemeinsamen, nicht von einer einzigen Religion dominierten Staat gleichberechtigt zu leben. Der von beiden Seiten erfolgte Versuch, das jeweils andere Volk zu verdrängen, ist nicht richtig.

Zurück zu den Lebensregeln. Das Christentum lehrt, daß der Mensch grundsätzlich sündig, also schlecht, böse, ist. Grund ist die Erbsünde, eine von den ersten Menschen vererbte Sünde, die nun auf alle Menschen übertragen wurde.

Der Mensch ist nicht mit einer Erbsünde behaftet. Der Mensch kann gut oder schlecht sein, je nachdem, welche Entwicklungsstufe seine Seele innehat.

Wieviele solcher Stufen gibt es?

Es gibt keine Zahl von Stufen, sondern einfach zahllose Zwischenzustände. Wie etwa zwischen Schwarz und Weiß nicht nur ein einziges Grau steht, sondern unendlich viele Abstufungen bestehen.

Wie groß ist die Entwicklungsmöglichkeit, die der Mensch in einem Leben vollziehen kann?

Das ist unterschiedlich, es kommt auf die gewählte Aufgabe an. Manche Seelen stellen sich eine sehr schwierige Aufgabe, wenn sie diese gut bewältigen, kommen sie einen sehr großen Schritt in ihrer Entwicklung weiter, andere nehmen sich nur vor, in einem einfachen Leben gut zu bestehen und kommen damit nur einen kleinen Schritt vorwärts.

Kann man auch einen oder mehrere Schritte zurückfallen?

Nein, wenn man eine Stufe einmal erreicht hat, fällt man auch dann nicht zurück, wenn man viel falsch macht. Man bleibt dann auf der erreichten Stufe stehen, muß sich im nächsten Leben mit den Folgen der falschen Handlungen auseinandersetzen.

Wie sieht es mit Menschen wie Hitler aus, wird der ewig in der Hölle sein müssen?

Er wollte ursprünglich für sein Volk etwas Gutes, doch gelang es Dämonen, ihn zu beeinflussen und ihn zu dem Mord an Minderheiten und den Angriffskriegen anzustiften. Er wird nun natürlich in vielen Inkarnationen die karmischen Vergeltungen erleben müssen, in den Zeiten zwischen den Inkarnationen wird er in einer seiner Stufe entsprechenden Welt wiedergutmachen müssen, was er im Leben falsch gemacht hatte; bis eines Tages auch seine Seele geläutert ist.

Wieviele Inkarnationen sind für so eine Läuterung nötig?

Das hängt einmal von der Größe der Schuld ab; er war ja nicht allein Schuld, sondern seine Mitstreiter und die Dämonen tragen Mitschuld. Auch führte die ungerechte Behandlung Deutschlands nach dem 1. Weltkrieg zu einem Revanchedenken, daß ihn beherrschte. Das Karma wird alle für oder gegen ihn sprechenden Umstände gerecht berücksichtigen.

11

Die meisten Religionen verurteilen den geschlechtlichen Verkehr zwischen Mann und Frau oder reglementieren ihn. Bestimmte Stellungen, die Häufigkeit usw. unterliegen Einschränkungen. Auch lehren manche, Geschlechtsverkehr sei unrein oder dürfe nur zum Zwecke der Kindererzeugung ausgeübt werden. Stimmt das?

Nein. Die Teilung in die zwei Geschlechter findet sich überall in der Welt, auch in unserer Welt. Es gibt Götter und Göttinnen, auch die Geistwesen sind männlich oder weiblich. So sind alle Wesen geschaffen und die Vereinigung der zusammengehörenden Paare ist ein Teil der Schöpfung und gewollt.

Ist denn Geschlechtsverkehr nur um des Genusses willen ethisch gesehen in Ordnung?

Ja. Ihr dürft die geschlechtlichen Dinge genauso genießen, wie etwa das Essen. Das Essen dient ja auch zuerst der Ernährung Eures Körpers, der Genuß ist dazu nicht nötig. Niemand begnügt sich damit, rein zweckgebunden Nahrung aufzunehmen, die gesund ist, aber nicht besonders schmackhaft.
Ihr dürft also das Essen genießen, und Ihr dürft auch die geschlechtliche Vereinigung genießen, so, wie wir das auch tun.

Gibt es keine Einschränkungen?

Es sollte wie überall Maß gehalten werden. Wer satt ist, der ißt nicht weiter, das Essen hat also seine Zeit, wie auch die geschlechtlichen Freunden.

Unsere Gesellschaft ist übersexualisiert, überall sieht man sexuelle Darstellungen, Zeitschriften bilden nackte Frauen ab um den Verkauf anzukurbeln.

Das ist aber nichts Böses oder ethisch Unhaltbares. Der nackte Körper ist von uns geschaffen und etwas Schönes. Den Körper abzuwerten oder Körperlichkeit zu verachten ist nicht richtig. Eure Vorfahren bildeten uns Gottheiten auch oft unbekleidet ab.

Darf es denn nur Zweierbeziehungen geben, die lebenslang laufen?

Die Zweierbeziehung entspricht dem, was in unserer Welt üblich ist, da immer Zwei als Dual zusammengehören und ewig zusammenbleiben. Die Menschen, die schon eine höhere Entwicklungsstufe innehaben, leben auch auf der Erde in solchen Zweierbeziehungen.

Das tun aber nur wenige.

Diejenigen, die ihre Partner häufig wechseln, offenbaren damit, daß sie noch auf einer niederen Stufe stehen. Sie haben entweder materielle Erwartungen an den Partner, die dieser nicht erfüllen kann, weswegen sie einen anderen suchen, oder sie stehen noch sehr im Körperlichen und suchen allein den geschlechtlichen Genuß in der Abwechselung. Sie halten also nicht Maß. Das ist nicht richtig.

Aber wenn sich ein Partner in der Ehe zu seinem Nachteil entwickelt, z. B. Alkoholiker wird, darf sich der andere dann nicht von ihm trennen?

Die Ehe ist nicht nur eine Verbindung auf der Erde, die Ehe ist auch eine karmische Verbindung und eine Verbindung von Sippen. Wenn ein Mann und eine Frau eine Ehe eingehen, dann verbinden sich ihre beiden Karmas zusammen und ihr Schicksal än-

dert sich etwas. Es kann durchaus so sein, daß sich dann auch Schwierigkeiten aufzeigen. Wenn z. B. der Mann zum Alkoholiker wird, dann gibt es dafür einen Grund. Es wäre Aufgabe der beiden Eheleute gewesen, die Ehe so zu gestalten, daß sich so ein Grund gar nicht ergibt. Der Eid, den sich Eheleute geben, verpflichtet sie, auch in schweren Zeiten zusammenzuhalten und die Probleme zu lösen. Eine Trennung würde dazu beitragen, daß dem hilfebedürftigen Partner diese Hilfe fehlt und er daran zerbricht.

Dann wäre es also eher geboten, erst gar keine Ehe einzugehen.

Die Ehe ist durchaus Arbeit und Aufgabe, aber zugleich auch Belohnung und Freude.

Werden Ehen „im Himmel" geschlossen, wie es heißt, also greift Ihr ein, um bestimmte Menschen zusammenzubringen?

Ja, das tun die Geister. Denn oft wurde von den Seelen vor der Inkarnation schon der Wunsch geäußert, einen bestimmten Partner zu heiraten. Die Geister führen dann diese Menschen zusammen. Oder es gibt karmische Dinge, die zwischen zwei Seelen aufzuarbeiten sind, die daher dann als Eheleute zusammengeführt werden. Aber die Geister können nur die Menschen zusammenführen unter günstigen Umständen, die Entscheidung behalten die betroffenen Menschen immer selbst.

In unserer Gesellschaft werden ja mittlerweile auch Ehen unter gleichgeschlechtlichen Menschen geschlossen. Ist das richtig?

Nein, denn es ist gegen unsere Schöpfung. Männliches und Weibliches ergänzen sich, zusammen bilden sie die Einheit und Harmonie, auch einen Kraftaustausch, den es bei Partnern gleichen Geschlechtes nicht geben kann. Wie wir ja schon gesagt hatten, entsteht die Vorliebe für das eigene Geschlecht dann,

124

wenn eine weibliche Seele im männlichen Körper oder eine männliche Seele im weiblichen Körper inkarniert ist. Das geschieht, um zu lernen oder aus karmischen Dingen, auch als karmische Bestrafung, doch ist das sehr selten. Es ist nicht richtig, das in einer gleichgeschlechtlichen Beziehung auszuleben, sondern die Betreffenden müssen lernen und die Disziplin aufbringen, diesem unnatürlichen Verlangen nicht nachzugeben.

Was ist vom sog. Ehebruch zu halten? Müssen sich Eheleute immer treu bleiben? Früher konnten Männer mehrere Frauen heiraten, während von den Frauen Treue verlangt wurde.

Das geschah, weil man sicher sein wollte, daß ein Kind vom Ehemann stammt und nicht von einem fremden Liebhaber. Denn die Sippen bestehen auch bei uns und ein sippenfremdes Kind bedeutet den Sippenbruch.

Irdische Sippen bestehen im Jenseits auch?

Ja, Eure Sippen beschränken sich nicht allein auf Eure Welt, sondern umfassen auch unsere Welt. Eure verstorbenen Angehörigen bilden hier bei uns Eure Sippe.

Wie arbeiten die zusammen?

Die jenseitigen Sippenangehörigen haben ja durch ihre früheren Leben auf der Erde zu ihren Kindern und Kindeskindern immer noch eine besondere Verbindung. Die Liebe zu den Nachkommen vergeht ja nicht mit dem Tode und Übergang in unser Reich.

Greifen die jenseitigen Sippenangehörigen auch bei uns im Diesseits ein?

Natürlich, sie helfen Euch und schützen Euch, wenn es ihnen möglich ist.

Wann wäre es ihnen denn nicht möglich?

Wenn Ihr Euch den Dämonen öffnet und so die Hilfe Eurer Sippenangehörigen verhindert. Oder wenn das Karma anderes bestimmt hat, dann können sie nicht eingreifen oder nur mildern, statt ganz abzuwenden.

Stört denn ein uneheliches Kind den Sippenzusammenhalt?

Verstorbene Sippenmitglieder, die als Schutzgeister wirken, können sich zurückziehen, wenn das Kind einen Erzeuger hat, der nicht zur Sippe gehört. Wenn Sippen zerfallen, ist das ein Zeichen für das Vordringen der Dämonen.

In unserer Gesellschaft zählen Sippen nicht mehr so, wie es bei den Vorfahren war. Es gibt zusammengewürfelte Familien, es gibt uneheliche Kinder, es gibt Kinder aus Samenspenden, und es gibt Adoptionen. Wie wirkt sich das auf den jenseitigen Sippenteil aus?

Nun, diejenigen, die so denken und leben, nehmen diese Einstellung mit ins Jenseits, wenn sie gestorben sind. Sie haben dann auch hier kein Interesse für ihre noch lebenden Verwandten und so sehen sie keinen Grund, ihnen vom Jenseits aus zu helfen.

Das bedeutet, Angehörige solcher Familien haben es schlechter gegenüber den noch zusammenhaltenden Sippen?

Ja. Aber dieses Denken ist nicht richtig. Solche Menschen können im Jenseits von uns die Aufgabe bekommen, ihren Angehörigen zu helfen.

Das wäre dann vielleicht gegen ihren Willen, eine Art Zwang.

Wenn sie das nicht wollen, dann kommen sie auch nicht in ihrer

Entwicklung weiter. Es ist kein Zwang, sie können es ablehnen. Die Konsequenz ihrer freien Entscheidung ist aber, daß sie dann in ihrer Entwicklung stehen bleiben.

Ist das mangelnde Sippenbewußtsein in unserer Gesellschaft zu verurteilen?

Ja, aber vergiß nicht, daß dieses Denken weltweit betrachtet höchst selten ist. In andern Völkern und Kulturen zählt die Sippe immer noch, und das ist die überwiegende Mehrheit der Menschen.

Also ist es eine Form der Dekadenz?

Es ist eine Folge des rein materialistischen Denkens, welches religiöse Dinge und den Glauben an ein Weiterleben nach dem Tode ablehnt. Nur der Einzelne und sein Vergnügen zählt, der Andere, die Sippe, das Weiterleben des Namens zählen nicht.

Das trifft mich auch, da ich keine Kinder habe und auch nicht wollte. Mein Name wird also nicht weiterleben.

Du hast andere Aufgaben, die Du mit Kindern und ihrer Aufzucht nicht erfüllen könntest.

Zurück zu den Beziehungen. Sind Paare die nicht verheiratet sind, zu verurteilen?

Nein, sie bilden eine Gemeinschaft wie eine Ehe. Wir machen da keinen Unterschied. Auch ohne die förmliche Vermählung ist Treue gefordert. Ehebruch kann auch von Dritten geübt werden, wenn sie einen der Partner dazu verleiten, die Ehe oder Beziehung aufzugeben. So etwas führt oft zu Streit und Unglück und ist daher falsch.

Ist das Streben nach Reichtum moralisch zu verurteilen?

Den Menschen, die ihr ganzes Tun dem Erwerb von Reichtum und materiellen Gütern unterordnen, fehlt der Glaube an unsere Welt und das Vertrauen in unsere Führung. Wir sorgen dafür, daß jeder Mensch das bekommt, was ihm karmisch zusteht und was er zum Leben braucht. Diese Menschen aber wähnen, daß sie sich materielle Sicherheit nur auf diese Weise beschaffen können. Außerdem leben sie in der materialistischen Vorstellung, daß das Lebensziel ein sorgenfreies Leben im Überfluß und mit viel Genuß sei. Das ist ein Irrtum, es ist ihr Unwissen.

Was geschieht mit solchen Menschen?

Sie verschwenden diese Inkarnation, lernen nichts und wenn sie gegen ihre vor der Inkarnation selbstgewählte Bestimmung leben, dann kann es geschehen, daß ihnen ihre Lebenszeit verkürzt wird, damit sie es in einer neuen Inkarnation besser machen. Oder sie werden durch eine Krankheit oder andere Schicksalsschläge zum Nachdenken gebracht.

Also soll man nicht nach materieller Sicherheit streben?

Doch, aber auch hier gilt es, Maß zu halten. Wenn das Dasein materiell erst einmal gesichert ist, dann ist es gefordert, sich höheren Zielen zu widmen. Ihr lebt in einer Welt der Materie und Verdichtung, daher ist es Euch erlaubt, Euch der materiellen Güter zu erfreuen.
Ihr dürft daher ein gewisses Maß an Wohlstand haben und Euch daran erfreuen, z. B. ein Haus, Urlaubsreisen und Dinge, die Euch das Leben erleichtern. Aber wenn dieser Grundbedarf gedeckt ist, dann ist weiteres Streben nach noch mehr Reichtum nicht richtig.

Was ist von den sogenannten zehn Geboten zu halten?

In allen Völkern gab es immer Menschen, die mit uns in Verbindung standen und daher auch unsere Regeln erfuhren und an ihre Leute weitergaben und aufschrieben. Leider wurden dabei oft unsere Regeln durch die Menschen verändert.

Wie würden denn diese Gebote in Eurer Fassung aussehen?

Das sagen wir Dir gerne, obwohl Du es ja auch schon den anderen Antworten entnehmen kannst:
Ihr sollt an uns Götter und die Geistwesen glauben und Euch unserer Hilfe bewußt werden.
Ihr sollt uns mit Respekt und Ehrfurcht anrufen.
Ihr sollt die religiösen Feste feiern.
Ihr sollt Eure Eltern und Sippenangehörigen ehren.
Ihr sollt nicht grundlos töten.
Ihr sollt die Ehen und Paarbeziehungen nicht brechen.
Ihr sollt nicht stehlen.
Ihr sollt nicht lügen und falsch schwören.
Ihr sollt nicht auf andere neidisch sein.

Das Wort „sollt" klingt besser, als „müßt". Wie ist es genau gemeint?

Im Sinne von „solltet", oder „es wäre gut für Euch und Eure Entwicklung".

Es gibt Eigenschaften, die in unserer Gesellschaft negativ bewertet werden, wie z. B. Aggression.

Aggression ist eine Kraft, die in Euch liegt, die Ihr nutzen solltet, um Motivation und Antrieb zu haben. Aggression ist keine negative Eigenschaft, wenn sie an der Stelle eingesetzt wird, wo es richtig ist.

Wo wäre es denn falsch oder richtig?

Wenn man im Alltag andern Menschen grundlos aggressiv begegnet ist das falsch, wenn man aber Feinden oder Verbrechern gegenübersteht, ist die Anwendung richtig.

Dann ist das „Hinhalten der anderen Wange", das Jesus lehrte, nicht richtig?

Nein, es ist falsch. Wenn man geschlagen wird, soll man sich verteidigen und den Schläger stellen oder bestrafen.

Auch in der Sexualität kommt Aggression oft ins Spiel, was man z. B. auch bei den Tieren beobachten kann.

Du sagst richtig „Spiel", Aggression kann auch im Liebesspiel ihren Platz haben.

Inzwischen reden viele von dritten Geschlechtern, in Stellenanzeigen steht nun immer „divers", die Weiber kleiden und frisieren sich wie Männer und wenn ein Mann eine Frau anspricht besteht Gefahr, daß ihm „Sexismus" unterstellt wird.

Das ist nicht in unserem Sinne. Es gibt nur zwei Geschlechter, das ist von Allvater so eingerichtet worden, Ihr findet es in allen religiösen Überlieferungen, und diese Geschlechter sollen sich unterscheiden und ihre geschlechtliche Identität nicht verdrängen. Die Initiative zur Paarbildung geht dabei in der Regel vom männlichen Geschlecht aus.

Ist das nicht einseitig, denn auch die Weiber zeigen ja ihre Bereitschaft.

Ja, das zeigen sie, aber sie erwarten dann vom Mann, daß er den ersten Schritt tut. Damit testen sie auch unbewußt seinen Mut, denn nur der Mutige soll Erfolg haben.

Warum?

Das männliche Prinzip ist ein Prinzip des Wirkens nach Außen, der Stärke und des Kampfes. Das weibliche Prinzip ist ein Wirken nach Innen, der Schwäche und des Friedens. So ergänzen sich diese beiden Prinzipien ideal.

Aber warum versuchen so viele Menschen, diese Grundprinzipien in Frage zu stellen?

Weil sie unter dem Dämoneneinfluß stehen und die göttliche Schöpfung und Ordnung ablehnen. Sie wollen andere dazu bringen, dies gleichfalls zu tun.

12

Das Christentum ist diejenige Religion, die unsere Welt am stärksten geprägt hat; deswegen möchte ich hierzu einige Fragen stellen.
Ich wage zuerst eine provokante Frage, die viele interessiert: Gab es den Jesus von Nazareth wirklich?

Ja.

Und war er der erstgeborene Sohn Gottes bzw. Allvaters? Ist Jesus ein Gott oder Sohn eines Gottes?

Nein, er war ein Prediger und Weiser, der in seinem mythischen Verständnis ein Sohn Gottes war, wie nach seiner Lehre auch alle Menschen Kinder, Söhne und Töchter, Gottes sind. Und damit lag er ja nicht falsch, denn wir alle, Götter, Geister, Menschen haben in uns den göttlichen Funken und stammen von Allvater und Allmutter ab, sind also Kinder der höchsten Götter.

Die Christen behaupten, Jesus habe uns durch seinen Kreuzestod, seine Höllenfahrt und Auferstehung den Weg zurück in das Haus Gottes erst ermöglicht. Er habe uns also aus den Banden der dunklen Mächte, Satans, befreit. Stimmt das?

Jesus hat einen Weg aufgezeigt, wie uns ein Mensch durch gute Werke und spirituelle Techniken näherkommen kann, insofern ist das eine Form der individuellen Erlösung von einem negativen Karma. Aber das ist nur eine Anleitung von vielen, auch z. B. Buddha hat so eine Anleitung gelehrt.
Die Menschen haben dann diesen Lehrern Eigenschaften von Göttern beigelegt, haben Buddha als Inkarnation Vishnus erklärt und Jesus als Sonnengott dargestellt bzw. ihm den Namen des

Gottes Esus zugelegt. Spirituelle Menschen und Lehrer können zwar mit ihren Vorbildern helfen, daß andere sich auf den spirituellen Weg begeben, aber sie sind deswegen keine Gottheiten.

Welcher Weg ist das?

Der Weg des Fastens, der Initiation am Kreuz und der Meditation. Wer Gutes tut, der erhöht seine Schwingung und kommt schneller in unsere Welt zurück.

Initiation am Kreuz? Wie soll das gehen?

Wenn sich ein Mensch aufhängt an einen Baum oder eben an ein Kreuz bindet und fastet, dann ist das eine Technik der Kasteiung des Körpers. Auf diese Weise wird das aurische Kraftfeld des Menschen geschwächt und seine Seele kann den Leib verlassen und so einen Blick in unsere Welt werfen. Allvater Selbst tat das einstmals, wie Ihr ja wißt.

Das ist aber gefährlich, oder?

Ja, denn wenn der Leib zu sehr geschwächt wird, kann der Mensch dabei sterben.

Was ist mit Menschen, die zu Jesus als einen Gott beten und ihren Glauben auf ihn setzen?

Wenn sie sich ernsthaft bemühen, ein gutes Leben zu führen, ist es in Ordnung. Die Gebete werden ja von Geistwesen weitergetragen und erreichen uns, auch dann, wenn sie im Glauben an Jesus entstanden sind.

Dann gibt es die Maria als Himmelskönigin auch nicht?

Richtig, auch ihre Verehrung als Göttin wurde von Anhängern dieser Religion ersonnen. Aber natürlich gibt es die Allmutter als Himmelskönigin.

Aber Maria als Mensch, als Seele, existiert doch genauso, wie Jesus?

Ja. Jesus und Maria waren zwei Menschen, auf der Erde inkarniert, und als Geistwesen sind sie wie alle auch unsterblich. Sie wurden auch später in andern Körpern wiedergeboren und haben heute ihre einstige Stellung wieder inne. Aber sie sind keine Gottheiten und sie leiden darunter, daß sie immer noch als Gottheiten angebetet werden. Als himmlische Geistwesen sind sie bescheiden und es ist ihnen unangenehm, sehen zu müssen, was in ihrem Namen auf der Erde geschieht.

Inwieweit sind sie für das Tun ihrer Anhänger mit verantwortlich?

Es stimmt, einen Teil der Verantwortung tragen sie mit. Wenn falsche Lehren verbreitet werden und im Namen dieser Lehren geschehen Untaten, dann sind die Lehrer eben auch die Anstifter der Untaten und tragen eine Mitschuld. Allerdings sind in den Lehren Jesu nicht allzuviele Fehler enthalten, so daß die Mitschuld des Jesus an den Verbrechen der Christen nicht so groß ist und in verschiedenen weiteren Inkarnationen abgetragen werden konnte.

Aber aus den Überlieferungen unserer Mythologien, ja selbst der Bibel kennen wir die Erzählungen von Göttern, die in menschlichen Körpern zeitweilig auf der Erde lebten. Warum das?

Das stimmt, einige von uns kamen auf die Erde, zeigten sich oder inkarnierten sogar, um den Völkern zu helfen, zu lehren und die Entwicklung zu lenken. Aber nicht jeder Weise, der von seinen Anhängern als inkarnierte Gottheit angesehen wurde, war es auch. Noch heute gibt es mediale Menschen, durch die angeblich Jesus oder andere Personen der Religion sprechen. In Wirklichkeit sind das fast immer Dämonen, die sich als diese Personen ausgeben, um sich interessant zu machen.

Wie sieht es mit Mohammed aus?

Er war ein religiöser und begabter Mensch, durch sein falsches Handeln kam er aber unter den Einfluß eines Dämons, der ihm falsche Lehren offenbart hat. Diese falschen Lehren schrieb er auf und machte sie zur Grundlage seiner neuen Religion.

Wenn nun Menschen nach diesen Regeln leben – und das tun sehr viele – schadet es dann ihrer spirituellen Entwicklung?

Wenn sie diese Regeln direkt umsetzen, helfen sie den Dämonen und tun teilweise Böses. Aber jeder Mensch hat auch ein Gewissen und kann selbst entscheiden, ob er das umsetzen will.

Ist nun alles im Koran dämonisch?

Nein, es sind strenge Regeln, die für Erstinkarnationen durchaus auch hilfreich sein können. Aber es sind auch Dinge enthalten, die nur für die Macht und Stärkung der Dämonen wirken.

Was denn zum Beispiel?

Das sog. Opferfest verlangt das Schächten von einem Tier. Dabei soll das Blut auslaufen. Dämonen verlangen Blut und stärken sich daran. In den meisten Fällen werden also beim islamischen Opferfest nur die Dämonen gestärkt. Nur wenn Menschen die Reinheitsgebote strikt einhalten würden, könnten Dämonen an dieses Opfer nicht herankommen. Aber diese notwendigen Reinheitsgebote kennt der heutige Islam nicht mehr.

Aber es gibt dort verschiedene genaue Speisevorschriften und auch Reinheit oder Unreinheit.

Ja, das sind noch Reste der alten Reinheitsgebote, die aber so nicht ausreichen. Deswegen haben Dämonen unter den Anhängern dieser Religion große Macht und sie beeinflussen die Menschen unter ihrem Einfluß zu bösen Taten.

Es gibt da das Gebot, daß Tiere lebendig geschächtet werden müssen, dann ist das Fleisch „Halal" (rein). Das ist meiner Meinung nach Tierquälerei.

Ja, es gab das Verbot, daß nicht gegessen werden darf, was „blutet", also alle Säugetiere durften nicht gegessen werden. Die Dämonen drehten das Gebot um und machten daraus die Vorschrift des Schächtens, des qualvollen Ausblutens des Tieres. Auch hier geht es den Dämonen um das Blut.

Woran kann man denn erkennen, daß eine bestimmte Tat von Dämonen eingeflüstert wurde?

Wenn die Menschen andere köpfen, mit dem Messer töten oder quälen, dann sind das Handlungen, die nur den Dämonen Freude und Kraft geben. Ginge es allein darum, Feinde zu töten, wären auch weniger blutige Hinrichtungsarten möglich. Aber den Dämonen geht es nur um das Blut und deswegen flüstern sie ihren Opfern ein, möglichst blutige Dinge zu tun.

Welchen Nutzen haben denn nun Religionen überhaupt, wenn sie inhaltlich schon nicht richtig sind?

Religionen machen den Menschen deutlich, daß es mehr gibt, als nur die materielle Welt, daß es höhere Dinge gibt. Und sie bieten den Menschen die Möglichkeit, z. B. in einer Kirche sich diesen höheren Mächten zu öffnen. Deswegen ist es aus unserer Sicht besser, eine schlechte Religion zu haben, als gar keine.

Ich weiß, wie mißverständlich meine folgende Frage interpretiert werden kann: Welche Religion der Religionen der Welt ist in Euren Augen der Wahrheit am nächsten?

Die Religionen, die von uns Göttern wissen und die ihren Anhängern eine größtmögliche Freiheit lassen. Freiheit nicht im Sinne von Regellosigkeit, sondern Freiheit, weil die Entscheidung des Menschen immer akzeptiert und nicht bestraft wird.
Die ideale Religion sollte auch die Erhaltung der Natur und der Tiere beinhalten.

Und welche ist das nun?

Überlege selbst. Wir haben genug dazu gesagt.

Was kann man nun tun, wenn man leider in der falschen Religion erzogen und aufgewachsen ist?

Wechseln. Oder die falsche Religion innerlich verändern.

Das schaffen viele Menschen nicht und eine Veränderung bedingt immer Gegenkräfte, die die Religion unverändert sehen wollen, da ihnen jede Veränderung auch Verfälschung ist.

Weil die Veränderungsversuche sich meist nur am Zeitgeist orientieren, nicht an dem, was spirituell notwendig und richtig wäre. Die geforderte Abschaffung des Zölibats bewirkt eben auch, daß ein altes Reinheitsgesetz außer Kraft gesetzt wird. Das macht es den Dämonen leichter, in diese Bereiche einzudringen. Wenn man den Weihrauch abschafft, können Dämonen kommen, denn ihnen ist Weihrauchgeruch ein Greuel.

Was wäre denn eine gute Veränderung, etwa beim Islam?

Die Abschaffung des Schächtens von Tieren und des Tieropfers beim Opferfest. Die Abschaffung von Sharia und ähnlichen Züchtigungsregeln. Eine Entwicklung hin zu einer spirituellen Sichtweise auf die Welt. Im Ansatz findet man das bei den Sufis und Derwischen.

Ihr würdet diese Religion also nicht in dem Sinne verändern wollen, daß die Menschen von Euch erfahren und Euch verehren?

Wir sehen eher die Folgen der Handlungen der Menschen, welche Gottheiten sie unter welchen Namen verehren, ist uns weniger wichtig, wenn die Menschen sich nur zum Guten kehren.

Die Kaaba in Mekka soll ja einst ein Ort der Verehrung der Götter gewesen sein.

Stimmt, da befandemn sich Bilder von uns und Opferstätten.

Der Hinduismus und der Buddhismus sind doch annehmbare Religionen?

Durchaus, aber auch hier sehen wir oft Lücken zwischen dem Anspruch und dem, was die Menschen tun. Der Hinduismus hat unser Ideal der vegetarischen Ernährung, dennoch sind es nur wenige, die danach leben. Der Buddhismus hat das Ideal der Gewaltlosigkeit und verbietet das Töten, aber auf asiatischen Märkten werden Tiere brutal gequält. Ein hohes religiöses Ideal bedeutet leider nicht, daß die Menschen es auch umsetzen.

Ihr wißt ja, daß ich mich seit 40 Jahren mit der Erforschung und Praktizierung der altheidnischen Naturreligion der Germanen befasse. Wie seht Ihr diese?

Auch in ihr gibt es Dinge, die nicht richtig sind, aber insgesamt ist diese wie alle Naturreligionen in unsern Augen sehr gut.

138

Ohne diese Religion würdest Du jetzt nicht unsere Aussagen er-fahren und aufschreiben können.

Die Möglichkeit, mit spirituellen Wesen in Verbindung treten zu können, modern „channeling" genannt, kennt auch das neue Testament der Bibel.

Ja, aber kaum jemand nutzt diese dort erwähnten Möglichkeiten der Geistkundgaben. Wenn man das aber tun will, kommt es sehr darauf an, daß das Medium nach den Reinheitsvorschriften lebt. Sonst äußern sich da nur niedere Geistwesen und Dämonen.

Also Ihr begrüßt Durchgaben in dieser Religion?

Unbedingt, aber nur wenn die Reinheitsvorschriften eingehalten werden, ansonsten sehen wir darin eher eine Gefahr.

13

Wir Menschen hadern meist mit „Gott" darüber, daß er irgendeine Naturkatastrophe zugelassen hat, bei der viele Menschen starben. Derartige Geschehnisse lassen Menschen daran zweifeln, ob es „Gott" oder eine spirituelle Welt überhaupt gibt.
Im Dezember 2004 gab es im indischen Ozean ein Erdbeben, das einen gewaltigen Tsunami (Flutwelle) auslöste, die rund 230.000 Menschen das Leben kostete, die meisten in Indonesien. Hättet Ihr Götter das nicht verhindern können?

Ja, das hätten wir tun können, aber das taten wir nicht, da wir uns nicht einmischen, wenn Menschen unsere Nähe nicht wollen.

Wie das?

Die Menschen dort hatten sich durch ihr falsches Tun schon lange von uns abgewendet. Die Religion, die dort herrscht, lehnt uns ab oder sieht uns als Dämonen. Deswegen konnten wir nicht bei diesen Menschen bleiben und ihnen gegen ihren Willen Schutz bieten. Wenn die Menschen sich von uns ab- und den Dämonen zuwenden, dann zwingen wir ihnen unsere Hilfe nicht auf, sondern müssen uns zurückziehen. Dann sollen die Dämonen ihren Anhängern helfen.

Aber wie konnte es geschehen, daß nun so eine Katastrophe eintrat?

Wenn wir uns zurückziehen, dann nutzen das die Dämonen aus und begeben sich zu diesen Menschen. Dämonen lieben nicht nur Blut und Streit, sondern auch Unglück und Zerstörung.

Bedeutet es automatisch ein Kommen von Dämonen, wenn Ihr

140

nicht mehr in der Nähe seid?

Es geht zusammen: Durch die Untaten der Menschen werden wir von ihnen abgehalten oder vertrieben und Dämonen nutzen unsere Abwesenheit und kommen hinzu.

Was war es, was dort die Dämonen befördert hatte?

Zuerst der Glaube, der uns unsere Existenz abspricht. Dann der religiöse Fanatismus, der dort herrschte. Die Mißachtung der Natur – selbst bedrohte Tierarten wurden dort in keiner Weise geschützt – und auch die Prostitution und vor allem Kinder-Prostitution der Besucher, die sich dort aufhielten.

Der Tsunami geschah, als die Welt Weihnachten feierte. Ist das ein Zufall?

Nein. Zu Weihnachten gedenken viele Menschen der spirituellen Welt, halten ihre religiösen Feste und versuchen, sich unserer Welt zu nähern. Die Dämonen können in dieser Zeit also selbst bei Menschen, die sie zu andern Zeiten gut lenken können, nichts erreichen und suchen sich ein anderes Betätigungfeld. Dort in Indonesien wird Weihnachten nicht wirklich ernsthaft gefeiert und die Touristen, die dort über die Feiertage waren, hielten nichts von der Einhaltung dieses Festes. Deswegen bestand unser Schutz nicht und konnten die Dämonen sich nun dort betätigen.

Lösen Dämonen Erdbeben aus?

Das können sie in einem bestimmten Rahmen. Wir versuchen, es zu verhindern, aber wenn die Menschen uns abweisen, dann müssen wir das akzeptieren und können ihnen nicht helfen. Es ist eine Folge des von den Menschen eingesetzten freien Willen.

Traf es also nur diejenigen, denen es bestimmt war?

Ja, denn es geschieht immer nur, was bestimmt ist. Die Bestimmung aber richtet sich auch nach den Entscheidungen der Menschen. Der Mensch, der den Dämonen das Feld öffnet, der gefährdet damit eine günstige Bestimmung und es verwirklicht sich das Negative.

Also bedeutet eine Bestimmung immer so eine Art Bandbreite, in der sich das Schicksal vollzieht?

Genau, je nach den Handlungen bewegt sich die Bestimmung in einem vom Karma begrenzten Rahmen.

Wie sieht es mit den üblichen Erdbeben aus, werden sie auch von Dämonen gemacht?

Ja, oder auch von Menschen.

Von Menschen?

Ja, zum Beispiel das große Erdbeben am 30. 5. 1998 in Afghanistan, das 4.000 Tote forderte. Am 28. 5. und am 30. 5. hatte Pakistan zwei Atombomben in der Provinz Belutschistan unterirdisch gezündet. An diese Provinz grenzt nördlich Afghanistan. Durch die Bombenzündungen wurde hier das Erdbeben ausgelöst.

Waren daran also keine Dämonen beteiligt?

Doch, denn Dämonen erfreuen sich, wenn Menschen Waffen herstellen oder zünden, schließlich bringen Waffen genau das, was sie suchen: Blut und Tod, Zerstörung, Krieg, Chaos.
Die Menschen, die Zeit und Energie in die Entwicklung solcher Bomben stecken, stehen unter dem starken Einfluß der Dämonen.

142

Die Dämonen reden ihnen ein, die Bomben zu zünden. Auch die Ängste zuvor, die erst zum Bau dieser Bomben geführt haben, wurden von Dämonen eingeredet.

Würdet Ihr alle Naturkatastrophen verhindern, wenn sich die Menschen nicht von Euch abwenden würden?

Leider geht auch das nicht, denn bestimmte Dinge müssen aus Gründen des karmischen Ausgleichs und des Lernens der Menschheit geschehen, daher lassen wir sie zu. Wie wir ja schon erklärt haben, ist der Tod ein natürlicher Durchgang vom Diesseits in unsere Welt, daher sehen wir nicht unsere Aufgabe darin, ihn mit allen Mitteln zu verhindern. Außerdem sind wir auch für die anderen Lebewesen der Erde zuständig, zum Beispiel für die Tiere.

Helft Ihr den Tieren zu Ungunsten der Menschen?

Das kann zuweilen so sein. Würde es den Tod nicht geben, würden sich die Menschen der Entwicklungsländer so stark vermehren, daß andere Wesen keine Überlebenschance hätten; auch würde die Nahrung nicht mehr reichen. Deswegen muß es den Tod geben und deswegen werden von uns auch manchmal Naturkatastrophen oder Krankheiten nicht verhindert.

Angenommen diese Völker würden Geburtenkontrolle üben, gäbe es dann keine Naturkatastrophen und Seuchen, da die Zahl der Menschen ja nicht so hoch ist?

Dann wäre so etwas nicht nötig. Es bleiben aber immer noch die Katastrophen, die von den Menschen selbst verursacht werden. Wenn Abholzungen der Wälder Erosionen und Überschwemmungen bringen, wenn durch Abgase das Klima verändert wird oder eben durch Atombombentests Erdbeben ausgelöst werden.

Wenn also diese Katastrophen insgesamt von den Menschen nicht verhindert werden können, was kann der Einzelne tun, um nicht Opfer so einer Katastrophe zu werden?

Der Mensch, der mit unserer Welt im Einklang steht, der die Verbindung zu uns sucht und herstellt, der auf die Natur achtet und sich bemüht, nach unseren Regeln zu leben, dieser Mensch ist von guten Geistwesen umgeben. Diese Geistwesen geben ihm ein, sich irgendwohin zu begeben, wo er nicht in Gefahr ist. Und wenn der Mensch ihre Stimme in seinem Inneren hört, kann er dem Rat folgen und er wird verschont bleiben. Die Tiere hören diese Stimme noch und bringen sich in Sicherheit – Ihr nennt es Instinkt.

Seit einigen Jahren gibt es den Corona-Virus, der die ganze Menschheit gefährdet und viele Todesopfer fordert. Warum habt Ihr das zugelassen?

Weil wir den Menschen den freien Willen lassen. Wenn Menschen sich Viren züchten und diese freikommen, dann greifen wir nur ein, wenn sich die Menschen an uns wenden und nicht unter dem Einfluß der Dämonen stehen.

Steht denn die ganze Welt unter dem Dämoneneinfluß? Das kann ich mir kaum vorstellen.

Die Menschheit lebt falsch, handelt wider die Natur, mißachtet unsere Gesetze und deswegen müssen die Menschen nun mit den Folgen ihres freiwillig gewählten Weges zurechtkommen. Erst wenn die Menschheit sich vom falschen Wege abwendet, werden die negativen Folgen dieses Virus vergehen. Alles, was geschieht, geschieht mit einem bestimmten Zweck, auch diese Pandemie. Es trifft auch nicht Unschuldige, sondern genau diejenigen Menschen, denen es durch ihr eigenes Fehlverhalten im derzeitigen oder früheren Leben karmisch bestimmt wurde. Diese

144

früheren Leben und Vergehen seht Ihr nicht, und deshalb zwei-
felt Ihr an unser Gerechtigkeit.

Was können wir also tun, um die Seuche zu überwinden, um selbst verschont zu bleiben?

Ändert Euer Leben, gebt das falsche Tun auf und geht in Euch.
Verbindet Euch über die Natur mit unserer Welt und bittet uns
um Schutz, dann kann Euch nichts geschehen.

War die „Spanische Grippe" (1918 – 1920) auch eine Art Strafe für die Menschen?

Ja. Durch das viele Blutvergießen im 1. Weltkrieg wurden die
Dämonen gestärkt und das bewirkte im Anschluß an den Krieg
diese Seuche. Die Seuche wurde dann schwächer und der Ein-
fluß der Dämonen damit auch. Aber sie gaben nicht auf und fan-
den neue Opfer, die die Welt in den 2. Weltkrieg führten.

[bedingt durch eine Unterbrechung mußte die Durchgabe später neu wiederaufgenommen werden.]

Unsere Vorfahren nutzten vielfach Bilder, um sich Dinge vorzu-stellen oder mit Eurer Welt eine Verbindung zu haben. So stell-ten sie Euch mit bestimmten Attributen dar oder verwendeten zahlreiche Symbolbilder. War das richtig?

Ja, die Attribute von uns Göttern helfen den Menschen, unsere
Kräfte und Zuständigkeiten zu erkennen. Deswegen sind sie sinn-
voll.

Ich kann mir nicht vorstellen, daß Allvater einen Speer trägt und ein achtbeiniges Roß reitet.

Das tut Er auch nicht. Es sind mythologische Bilder, um Seine

Kraft zu verdeutlichen. Der Speer kann also auf den Sonnen-
strahl oder den göttlichen Willen hinweisen, das Roß auf Seine
Kraft im Winde oder Seine Fähigkeit, schnell in alle Welten rei-
sen zu können.

Und andere Symbolbilder, Pictogramme, heilige Zeichen, die wir
auf Steinen, Grabplatten usw. eingeritzt finden?

Solche Bilder rufen die damit verbundenen Energien herbei und
es sind Hilfsmittel, um mit uns in Verbindung treten zu können
auf einer gedanklichen Ebene. Die Bilder sprechen also Gedan-
ken an, unabhängig von der Sprache oder den Worten, und wir
verstehen diese Gedanken und reagieren darauf.

Oft finden wir Euch Götter auf Felsbildern z. B. in Schweden
dargestellt, mit Phallus und den Attributen, dazu häufig Fußab-
drücke von Euch in Steinen oder auf den Felsbildern. Was bedeutet das?

Das wißt Ihr selbst. Da wir erzeugende, schöpfende und schöpfe-
rische Gottheiten sind, werden Götter mit Phallus oder Göttin-
nen mit großen Brüsten dargestellt.

Seht Ihr Euch da nicht auf eine Sexualität reduziert oder irgendwie negativ dargestellt?

So denken Menschen wegen der herrschenden Religionen und
ihren Lehren. Für uns ist Sexualität in keiner Weise schlecht,
sondern eine heilige Kraft der Schöpfung.

Und diese Fußspuren in den Steinen?

Menschen haben diese Spuren als unsere Spuren erkannt und
nahmen sie als Zeichen unserer Anwesenheit. Wenn eine Gott-
heit erfolgreich angerufen wurde und anwesend war, gingen die

Menschen davon aus, daß die Gottheit Sich auf diese Spur stellt und wendeten sich diesem Orte zu, denn die meisten Menschen konnten uns ja nicht sehen. Aber es gibt auch Spuren, die nichts mit uns zu tun hatten, sondern z. B. den Standpunkt eines Beobachters des Himmels anzeigen sollten.

Was ist über die Runen zu sagen. Haben sie besondere Kräfte oder sind sie nur Symbole?

Die Runen selbst haben Kräfte, Kräfte die sie von uns haben und sie sind zugleich auch Symbole.

Kann jeder diese Kräfte nutzen, unabhängig davon, ob er an Euch überhaupt glaubt?

Dann wirken sie nicht in dem Maße, wie sie wirken könnten. Du darfst nicht vergessen, daß mit den Runen seit Jahrtausenden auch bestimmte Gedanken verbunden sind; eigentlich sind es ganze Gedankengruppen. Diese Gedankengruppen kann auch ein Unwissender manchmal spüren. Aber wir geben solchen Menschen unsere Kräfte nicht einfach so dazu.

Da wir gerade bei den Gedanken sind. Ihr spracht auch schon von der Telepathie innerhalb einer Gruppenseele. Sagt mir bitte mehr über Gedanken.

Gedanken sind Kräfte und mit Gedanken können auch Gegenstände aufgeladen werden.

Wie lange haften Gedanken auf einem Gegenstand?

Wenn die Gedanken nicht erneuert werden, werden sie mit der Zeit immer schwächer. Das kann durchaus sehr lange dauern. Es kommt auch darauf an, ob andere Gedanken mit dem Gegenstand verbunden werden.

Somit laden Gedanken auch Runen auf?

Ja.

Und Kultstätten?

Ja, auch.

Wenn ich also eine bestimmte Rune ritze und dann mit dem ihr zugehörigen Gedanken verbinde, dann ist diese Rune entsprechend aufgeladen?

Ja.

Was geschieht nun, wenn woanders auf der Welt ein Mensch dieselbe Rune ritzt. Ist da damit auch etwas von meinem Gedanken verbunden?

Ja, aber nur sehr wenig. Denn auch viele Tausend andere Menschen kennen diese Rune und verbinden mit ihr bestimmte Gedanken. Auch diese Gedanken verbinden sich mit der Rune, so daß diese Rune ein Knäuel von Gedanken beinhaltet.

Welcher der Gedanken wird dann dominant?

Das richtet sich danach, wie intensiv der Gedanke gedacht wurde. Außerdem nach der Menge der Gedanken. Der Gedankeninhalt, der am stärksten und häufigsten mit der Rune verbunden wurde, der wird der Gedanke sein, der auch zuerst hervortritt.

Was ist mit den Gedanken der Vorfahren zu den Runen?

Auch diese Gedanken sind noch vorhanden, wenn auch schwach, da diese Gedanken ja nicht mehr erneuert werden und andere Gedanken sie langsam verdrängen.

Dann müßte man doch alles erdenklich mögliche tun, damit solche heiligen Zeichen nicht von unwissenden modernen Menschen mit unpassenden Gedanken verunreinigt werden.

Das wäre gut, denn dann bleiben nur die wertvollen Gedanken der Heiden der früheren Zeiten. Es sei denn, jemand stärkt diese alten Gedanken, der die alten Inhalte kennt.

Das bedeutet, jeder Runenkundige, der die überlieferten Inhalte kennt, nützt dem Weiterbestehen der ursprünglichen Runengedanken, und jeder Runenbenutzer, der das nicht kennt und sich neue Phantasiedeutungen ausdenkt, schadet ihnen.

Ja, leider. Deswegen sagte Allvater: Das Beste ist, zu schweigen.

Und auf die Heiligtümer bezogen, da kann man bei unbekannten oder unentdeckten Heiligtümern noch die Gedanken der Vorfahren finden, wenn aber ersteinmal Touristen und Esoteriker diese Orte kennen, werden diese Gedanken durch moderne Gedanken verdrängt und alles wird verfälscht.

Ganz genau.

Wie wirken nun die Gedanken eines Gegenstandes oder Ortes auf mich zurück?

Du kannst die Gedanken spüren, sie berühren Dein Unterbewußtsein und wenn Du Dich versenkst, weißt Du, was ihre Inhalte sind, also was z. B. an dieser Kultstätte einst geschah. Manche Menschen spüren ein Gefühl des Erschauderns, wenn sie in einer Burg durch einen Folterkeller gehen. Dort, wo Menschen in größter Lebensgefahr waren, wurden ihre Gedanken umso intensiver gedacht, und spätere Besucher des Ortes haben hier auch keine andern Gedanken angesichts der ausgestellten Folterwerkzeuge. Somit leben die ursprünglichen Gedanken hier weiter.

Kann man die Kenntnis der Gedanken und Gedankenkraft auch für den Zauber nutzen?

Viele Zaubersprüche rufen ja zuerst eine frühere Situation herbei und damit auch die dort damals wirksamen Gedanken, dann erst kommt der Spruch, der diese Gedankenkraft auf die aktuelle Situation lenkt. Das geht also.

Gedanken kann man auch übertragen, auch soll es Menschen geben, die Gedanken lesen können, wie Ihr.

Ja, wir können das. Und manche Menschen können es auch, zumindest ein wenig. Und es ist möglich, Gedanken zu versenden oder zu empfangen – übrigens auch Gedanken von uns, wenn wir das wollen.

Kann man mit Gedanken behangene Gegenstände von diesen Gedanken reinigen?

Ja.

Wie?

Das wollen wir hier nicht öffentlich preisgeben. Die Würdigen werden dies selbst erkennen.

14

Was hat es mit den Tieren auf sich, welche Aufgabe haben sie, welche Stufe nehmen sie ein?

Wie wir schon sagten vollzieht sich die Entwicklung der Seelen über die Hierarchie der Formen. Seelen inkarnieren in Minerali-en, dann in Pflanzen, Tieren und schließlich in menschlichen Körpern.

Warum muß es so einen langen Weg geben?

Die Seelen, die das Götterreich verlassen, gelangen in Sphären, in denen die göttlichen Energien sehr schwach sind, die Gegen-kräfte hingegen sind stark. Das formt diese Seelen, sie verlieren ihre Harmonie, Schönheit, Göttlichkeit, Individualität. Um diese zurückzuerwerben, sind diese langen Entwicklungen nötig. So eine in die Unharmonie, in das Dunkel gefallene Seele könnte nicht einfach zu uns zurückgebracht werden, das würde sie nicht aushalten.

Warum verlassen Seelen denn Euer Götterreich, wenn es dort doch so schön ist?

Das hatten wir schon erklärt, diese Seelen wollen neue Erfah-rungen machen, wollen die dunklen Kräfte kennenlernen.

Warum?

Es braucht immner den Gegensatz, wenn überall nur Schönheit und Harmonie existiert, dann wäre das eintönig. Bestimmte Din-ke kann man nur erkennen und würdigen, wenn man auch das Gegenteil kennt.

Das Christentum früherer Jahrhunderte spricht vom Engelssturz, vom großen Abfall der Engel von Gott, z. B. in der altsächsischen Genesis. Sie gelangten dann auf die Erde und müssen nun ihren beschwerlichen Rückweg der Läuterung antreten.

Dieser Gedanke ist ein Gedanke der Schuld, Seelen wendeten sich in alter Zeit gegen Gott und wurden durch das Verstoßen in die materielle Welt bestraft. So ist es aber nicht. Es ist ein laufender Vorgang, jederzeit beschließen Seelen, sich aus unserer Welt in die tiefen Welten zu begeben und jederzeit kehren Seelen zu uns zurück. Es geht darum, Erfahrungen zu machen und sich auf diese Weise weiterzuentwickeln. Allvater Selbst tat das mehrfach, als Er vom Weltbaum, dem Himmel, in die Unterwelten fiel.

Wir denken immer, Gott bzw. Allvater ist allwissend und braucht solche Wege nicht einzuschlagen.

Allvater begann die gesamte Schöpfung, um Sich selbst zu erkennen, da wäre es schon unlogisch, wenn Er die Möglichkeiten dazu nicht auch selbst nutzen würde.

Die Tiere bilden also eine Stufe auf der Leiter der Entwicklungsstufen. Werden denn alle Tiere irgendwann Menschen?

Ja.

Wenn ich mir die Trillionen von Tieren, auch kleinsten einzelligen Lebewesen ansehe, dann kommen da noch sehr viele Inkarnationen auf uns zu. Das wird wohl nie enden.

Ja, es ist ein ewiger Kreislauf, es gibt kein Ende. Aber die Kleinstlebewesen haben noch keine ganz ausgebildete Individualseele, sondern werden von der Gruppenseele dominiert.

Dann wird es mit der Zeit immer mehr Menschenmassen geben

und die Erde wird völlig überfüllt werden.

Nein, denn es scheiden ja auch laufend Seelen aus, deren Entwicklung beendet ist.

Was wäre, wenn die Erde von den Menschen zerstört werden würde?

Wir verhindern das, aber sollte es dennoch gegen unseren Willen geschehen, dann stehen Parallelwelten zur Verfügung.

Was sind das für Welten?

Nun, Du glaubst doch nicht, daß die Erde in einem Weltall von unzähligen ähnlichen Sonnensystemen der einzigste bewohnbare Planet ist. Es gibt viele ähnliche Planeten, auf denen Lebewesen existieren.

Was kann eine Seele in einem Tierkörper lernen, der nur nach den vorprogrammierten Instinkten handelt, was für ihre Entwicklung nötig ist?

Tiere haben durchaus nicht nur festgelegte Instinkte, denen sie hilflos ausgeliefert sind. Außerdem geht es hier nicht allein um das Lernen, sondern um die Erfahrungen eines Lebens in einer Tierform. Der Weg ist sozusagen schon das Lernziel. Und wenn erst einmal höhere Tierformen erreicht sind, kommen Dinge wie Intuition hinzu.

Aber das nimmt man doch nicht mit in die nächsten Inkarnationen.

Doch, teilweise schon. Tiere sind auch nicht solche unselbstständigen Wesen, wie Du andeutest, sie haben durchaus viele Möglichkeiten. Sie können Tugenden wie Mut, Schlauheit, Schnellig-

keit usw. entwickeln. Eine der höchsten Stufen nehmen die Haustiere ein, die Euch nahe sind.

Wieso?

Sie erleben menschliche Verhaltensweisen, entwickeln sogar höhere Gefühle und überwinden die vom Instinkt vorgegebenen Verhaltensweisen.

Ist das gut? Hat der Instinkt nicht auch seine Berechtigung?

Ja, der Instinkt ist gut, aber er sollte bei den höheren Lebensformen auch vom Intellekt kontrolliert werden. Ihr Menschen solltet auch Eure Instinkte nicht verdrängen, sondern ausleben aber so, daß Ihr damit den Mitmenschen oder Tieren nicht schadet. So eingesetzt ist der Instinkt wertvoll.

Und die Intuition?

Sie ist gleichfalls wertvoll und frühere Menschen hatten Intuition in größerem Maße. Das ist den modernen Menschen leider etwas verlorengegangen, und Ihr solltet danach trachten, die Intuition wieder zurückzuerlangen.

Wie können wir das tun?

Indem Ihr auf Eure inneren Eingebungen hört, indem Ihr übt, Dinge wahrzunehmen, die Euch im Augenblick gerade nicht sichtbar sind. Indem Ihr Euch nicht vom technisierten Alltag beeinflussen läßt und gesund und maßvoll ernährt.

Was die Ernährung betrifft, so hatte ich schon herausgefunden, daß Allvater bei den Thraco-Geten die fleischliche Ernährung abgeschafft hatte. Sollten wir uns also besser vegetarisch ernähren, wie Ihr es ja schon sagtet?

154

Das wäre gut, für Eure Spiritualität, Euren Körper und auch für die Welt.

Was ist am Fleisch auszusetzen?

Nun, die Tiere werden nicht ihnen entsprechend gehalten und gefüttert, sie entwickeln Angst vor dem Schlachten und damit bekommt ihr Fleisch für Menschen die Wirkung, daß diese Menschen auch immer mehr Ängste entwickeln. Auch seid Ihr Menschen von Eurem Leib her nicht für das Essen von Fleisch geeignet und deswegen steigt Euer Risiko, zu erkranken. Ihr solltet die Tiere achten, und nicht essen; es stehen Euch genügend Möglichkeiten der fleischlosen Ernährung zur Verfügung.

Bestraft Ihr die Menschen, die sich mit Fleisch ernähren?

Indirekt, denn genaugenommen bestrafen sie sich selbst, weil sie sich dadurch oft Krankheiten zuziehen. Wenn sie an tierquälerischer Haltung beteiligt sind, belastet das ihr Karma.

Gibt es auch in Eurer Welt Tiere? Die Mythologien berichten das jedenfalls.

Ja, natürlich.

Und sind diese Tiere auch Entwicklungsstufen?

Nein, die Tiere in unserer Welt sind nicht auf dem Wege einer bestimmten Entwicklung; sie sind Tiere und bleiben es, es sind von Anfang an als Tiere geschaffene Tierseelen.

Unterscheiden diese sich von den uns bekannten Tieren?

Ja, einmal gibt es bei uns Tierarten, die Ihr gar nicht kennt, weil sie auf der Erde nicht vorkommen. Diese Tiere verhalten sich auch anders, als Tiere in der materiellen Welt, sie fressen sich nicht gegenseitig auf, bekämpfen sich nicht, es sei denn, um die Kräfte zu messen wie es Sportler tun.

Können diese Tiere Glück empfinden bzw. sind sie glücklich?

Sie wurden so geschaffen, daß sie auch alle Gefühle erleben können, also auch daß sie glücklich sein können.

Gibt es Wälder in Eurer Welt?

Natürlich, was denkst Du denn?

Natur, Wüsten, Meere, Seen, Berge, Schnee?

Ja, alles das gibt es auch bei uns. So gibt es auch hier viel zu entdecken und zu erleben.

Ihr spracht auch einmal von jenseitigen Völkern. Wie sehen die aus?

Nun es gibt hier unterschiedlichste Völker, die auch unterschiedlich leben, an unterschiedlichen Orten, andere Kunststile haben, andere Bräuche und andere Kulturen. Bei uns herrscht Vielfalt.

Gibt es auch Sprachen?

In den himmlischen Welten gibt es Sprachen, aber in den höchsten Welten sind es Gedanken, die man sendet und empfängt.

Wenn die Seele eines Verstorbenen in Eure Welt kommt, wie lebt er da, wie geht es da weiter?

Er wird von schon verstorbenen Verwandten abgeholt, die ihn in die ihm zustehende Welt geleiten. Die Bösen finden sich in Un-

ter- und Dunkelwelten, wie wir schon erzählt haben, aber Menschen mit durchschnittlicher Entwicklung kommen in unser Reich. Zuerst sehen sie ihr Leben ablaufen wie ein Buch oder Film, dabei werden der Seele ihre Verfehlungen gezeigt. Wenn dann dieses „Gericht" beendet ist, wird die Seele zunächst einmal an einen Ort geleitet, wo sie sich in einem Schlaf ausruht. Später wird ihr ein Platz zugewiesen, wo sie leben kann und eine Arbeit wird ihr übertragen. In dieser Welt sieht es ein wenig so aus, wie auf der Erde, allerdings gibt es hier keine Autos oder Industrie. Aber Häuser, Dörfer, Wiesen und Wälder. Das ist aber noch nicht die höchste der Jenseitswelten.

Mir war schon aufgefallen, daß unser Märchen „Frau Holle" eine derartige Jenseitswelt andeutet.

Ja, auch daß dort eine Prüfung erfolgt und zur weiteren Läuterung auch gearbeitet werden muß.

Was ist mit Grabbeigaben, die unsere Vorfahren den Toten mitgaben?

In das Jenseits kann man materielle Dinge nicht mitnehmen, deswegen finden die Archäologen diese Grabbeigaben immer noch im Boden. Aber alle materiellen Dinge haben auch eine fluidale Gestalt, eine Art geistiger Entsprechung, die sie ausfüllt. Diese kann der Verstorbene auch ins Jenseits mitnehmen.

Was tragen die Seelen im Jensets für Kleidung?

Ihre Geistkörper bilden zuerst noch die Form samt der Gewänder, die die Seele als Mensch hatte. Mit der Zeit werden die Erinnerungen an das letzte Erdenleben schwächer und diese Form wird nach und nach zu der eigentlichen Gestalt dieser Seele. Dann vergehen die Gewänder und die Seelen bekommen Gewänder aus unserer Welt.

Wie geht das mit dem Aussehen der Seelen im Geistkörper?

Wenn ein Mensch im hohen Alter gestorben ist, dann sieht sein Geistkörper hier auch erstmal so aus, wie der Mensch aussah. Aber das Altern gibt es nur auf der Erde und die Seele im Geistkörper ist unsterblich. Der Geistkörper verliert mit der Zeit die Alterungsspuren und ändert sich in die Form, die der Mensch in seinen besten Jahren hatte. Wenn Jenseitige einen sterbenden Verwandten in Empfang nehmen, dann erscheinen sie schon manchmal in der verjüngten Form und werden dann zuweilen auch nur schwer erkannt.

Aber viele Menschen lebten ja mehrfach auf der Erde und dann auch in verschiedenen Körpern. Welchem werden sie dann im Jenseits ähneln?

Da der Geistkörper samt der Seele auch ein wenig den jeweiligen materiellen Körper formt, in dem er inkarniert ist, ähneln sich die verschiedenen Inkarnationsformen schon etwas. Aber die Geister haben auch ein davon unabhängiges Aussehen, das Aussehen, welches sie vor den Inkarnationen schon bei ihrer Erschaffung hatten. Diese Urform trägt mit dazu bei, die menschlichen Körper zu formen und irgendwann, wenn die Entwicklung beendet ist kommt diese Urform langsam wieder.

Was ist mit den Ehepartnern der verschiedenen Leben?

Dort, wo es glückliche und von Liebe getragene Ehen gab, werden die Seelen auch in unserer Welt zusammen bleiben oder doch gut befreundet sein. Natürlich hat dann eine Seele mehrere ehemalige Partner aus verschiedenen Leben, und diese selbst jeweils auch. So relativiert sich die Bedeutung und nur die letzte gute Beziehung bleibt im Jenseits noch etwas bestehen, bis irgendwann die Entwicklung zu Ende ist und die Seele sich mit ihrem Dual vereinigt.

158

Das Dual, also die ideal passende Seele, kann aber auch noch inkarniert sein, oder?

Ja, dann kann die Vereinigung natürlich erst erfolgen, wenn beide die Entwicklung abgeschlossen haben.

Gibt es die Möglichkeit, daß beide Seelen zusammen inkarnieren?

Theoretisch schon, doch wäre das sehr unwahrscheinlich. Meist haben beide unterschiedliche Stufen inne und dadurch getrennte Entwicklungen. Aber es ist möglich, daß eine der Dualseelen von unserer Welt aus dem Leben der inkarnierten Dualseele zusieht und ihm hilft.

Wird eine nicht inkarnierte Dualseele nicht eifersüchtig, wenn sie ihr anderes Dual auf der Erde in einer irdischen Ehe erblickt?

Nein, denn sie weiß, daß nur sie ideal mit der andern Hälfte ihres Duals zusammenpaßt, Angst vor einem Verlassen kann es also nicht geben. Und hochentwickelte Wesen kennen das Eifersuchtsgefühl gar nicht.

Wie lange bleibt eine Seele im Jenseits, bis sie wieder neu inkarniert?

Das ist unterschiedlich, einige wollen sich möglichst schnell wiederverkörpern, andere nicht. Es kommt auch auf die gebotenen Möglichkeiten an, welche Himmelskonstellationen herrschen und ob ein geeigneter Körper mit einem geeigneten Elternhaus zur Verfügung steht.

15

Unsere heutige Gesellschaft ist in großen Teilen eine säcularisierte Gesellschaft, eine Gesellschaft, in der Religion Privatsache ist und ihre Vorgaben nicht wirklich zählen. Ist das eine Weiterentwickelung gegenüber früheren Zeiten oder ein Rückschritt?

Es ist beides. Wir begrüßen die Möglichkeiten einer freien Wahl der Religion, auch wenn davon nur wenige Menschen Gebrauch machen. Aber wir warnen auch vor einer Entwicklung weg von Religionen und spirituellen Sichtweisen.

Den Menschen wird in den Schulen nur ein materielles oder rationalistisches Weltbild vermittelt.

Dieser Materialismus ist zu einer Ersatzreligion geworden, einer Religion, die keine ethischen Werte hat und keine Vorstellungen über den Sinn des Lebens und das Weiterexistieren über den Tod hinaus. Das ist schlecht.

Woran liegt das?

An dem Versagen der herrschenden Religionen; sie haben sich von den spirituellen Wahrheiten teilweise entfernt oder sie vertreten Dinge, die unglaubwürdig sind.

Ist das Versagen der herrschenden Religionen in Euren Augen schlecht, oder kann es nicht dazu führen, daß Menschen sich andern Religionen zuwenden?

Es ist schlecht, denn Menschen wenden sich von jeglichen Religionen ab, bewerten sie alle als gleich unglaubwürdig und werden zu religionslosen Menschen. Wir hatten schon gesagt, daß eine schlechte Religion in unseren Augen besser ist, als gar keine, denn auch eine schlechte Religion hält ja die Menschen dazu an, sich gut zu verhalten und sie enthält auch spirituelle Vorstellungen, die helfen, den engen Blick nicht allein auf das Materielle zu richten.

Ich bin natürlich mehr denn je vom alten Heidentum überzeugt, aber es gibt nur wenige Menschen, die diese Religion heute wieder praktizieren wollen.

Es kommt nicht auf die Zahl der Anhänger einer Religion an; auch wenn es wenige gibt, so kann doch die Religion sehr wertvoll sein. Umgekehrt bedeuten viele Anhänger nicht, daß eine hohe Qualität vorhanden ist.

Was sind denn nun Kriterien für eine gute Religion? Ist es deren Inhalt oder Lehre, oder geht es nur um Gemeinschaft und Anleitung für das Leben?

Es gibt Religionen, die ermöglichen individuelle spirituelle Erfahrungen der Anhänger, also z. B. Visionen; das siehst Du besonders bei den Religionen der Naturvölker. Diese Erfahrungen wurden in den Jahrtausenden weitergegeben und durch immer neue individuelle Erfahrungen ergänzt. So eine Religion ist nicht die Schöpfung eines einzelnen Lehrers oder Stifters, sondern eines ganzen Volksstammes. So etwas ist gut.

Und die Stifterreligionen sind schlecht?

Nicht immer, aber meistens, denn hier sind ja lediglich die Visionen, Erfahrungen oder Vorstellungen eines Einzelnen eingeflossen. Alle späteren Ergänzungen mußten sich diesen Lehren unterordnen und individuelle Offenbarungen werden als Gefahr für die Lehre des Stifters betrachtet und abgelehnt. Das ist nicht in unserem Sinne.

Gut ist also, wenn jeder eigene Erfahrungen machen darf und macht, schlecht, wenn er sich nur auf eine Erfahrung des Gründers berufen kann oder darf.

Ja. Die eigenen Erfahrungen sind sehr wichtig.

Wenn man die vielen Kriege sieht, die die Weltreligionen angezettelt haben und noch anzetteln, dann will man gar keine Religion mehr haben.

Ihr müßt unterscheiden, dazu habt Ihr den Verstand. Diese Kriege gingen und gehen um Macht, Einfluß, weltliche Güter, sie haben meist nur vordergründig mit dem Glauben zu tun. Gäbe es Religionen nicht, würden diese Kriege anders begründet werden. Und wir hatten schon gesagt, daß in Kriegen die Entwicklung der Menschen schneller möglich ist.

Liegt es vielleicht im Wesen des Menschen, Reichtum und Macht zu begehren und alle Mittel dafür einzusetzen, dies zu erhalten, und habt Ihr somit den Menschen unvollkommen geschaffen?

Nein, der Mensch ist schon vollkommen, aber bedingt durch den fehlenden Glauben an unsere Welt und bedingt durch das fehlende Wissen über das Karma kümmern sich diese Menschen nur um das Materielle. Oft folgen sie da auch Einflüsterungen von Dämonen. Trotzdem bleibt der freie Wille und ihn in einem falschen Sinne einzusetzen ist kein Indiz für Unvollkommenheit.

Aber unter diesen Materialisten und ihren Unwerten haben leider alle Menschen zu leiden.

Mache Dir einfach bewußt, daß diese Menschen noch am Anfang ihrer Entwicklung stehen und wie Kinder im Kindergarten noch viele Fehler machen. Ihr Weiterentwickelten könnt aber mit ei-

162

nem guten Beispiel vorangehen und damit solche Menschen auch zum Nachdenken bringen.

Ist nicht die Trennung in Gut und Böse ziemlich willkürlich und ein regelrechtes Schwarzweißdenken?

Gut und Böse sind Begriffe, die vom jeweiligen Standpunkt aus abhängen. Der Einbrecher, der stiehlt, um seine hungernden Kinder zu ernähren, tut in seinen Augen und im Blickwinkel seiner Familie Gutes, denn er ermöglicht der Familie das Weiterleben. Aber in den Augen der Bestohlenen tut derselbe Dieb eindeutig Böses. Jeder Verbrecher hat irgendein Motiv für seine Taten, welches in seinen Augen und für ihn selbst „gut" ist.

Aber das kann objektiv nicht gut sein, oder?

Stimmt, denn der erwähnte Einbrecher hätte zuersteinmal seine geldliche Situation regeln müssen, bevor er Kinder in die Welt setzt, die er nun nur durch Diebstahl ernähren kann. Also war es doch böse, aber bereits lange vor der eigentlichen Diebstahlhandlung.

Muß ich mir das Wirken guter und böser Wesenheiten so ähnlich vorstellen?

Teilweise. Wenn Du Dir das Gute als Licht vorstellst, dann ist das Böse dessen Abwesenheit. Kein oder wenig Licht und viel Licht – beides wie Einteilungen auf einer Skala. Und genau so sind auch die Entwicklungsstufen der Wesen vorzustellen.

Langsam erschließt sich mir auch ein anderer Gedanke, als Ihr über die Atombomben spracht: Das Böse ist die Abwesenheit des Guten, aber auch die Unvollkommenheit oder Abwesenheit der Vollkommenheit. Menschen tun Böses, weil ihnen die von Euch erwarteten oder gelehrten Tugenden fehlen.

Ja, aus Angst vor dem Nachbarstaat und einem Angriff rüsten Staaten auf. Oft geht diese Angst bis zu dem Einzelnen herunter, der vielleicht nur Angst hat, daß ihm eine andere Staatsmacht seine Ersparnisse nimmt, wenn sie den eigenen Staat angreift. Und die Angst, die Ersparnisse zu verlieren ist eine Angst, nicht mehr die Möglichkeit zu haben, sich Nahrung zu kaufen.
Die ganze militärische Rüstung dieses Staates erfolgt also nur, weil ein Politiker Angst um seine Zukunft hat. Diese Angst hat er aber nur, weil ihm das Vertrauen an uns fehlt.

Angst kann auch einfach fehlender Mut sein.

Ja, das auch. Und der Mut fehlt vielleicht auf Grund von negativen Erfahrungen mit Mitschülern in der Schule, die den Betreffenden einstmals schlugen.

Das Schlagen in der Schulzeit erzeugt also einen feigen Menschen der als Politiker seine eigene Feigheit auf den ganzen Staat bezieht und deswegen eine Hochrüstung betreibt. Ein kleiner Auslöser und eine große Wirkung.

Gut und Böse vergleichen wir gerne mit dem Licht. Eine Lichtquelle im weiten, leeren Raum symbolisiert unsere Welt. Je weiter entfernt von dieser Lichtquelle man ist, desto weniger Licht ist vorhanden. Es gibt keine „Dunkelquelle" als Gegensatz zur Lichtquelle, es gibt also nichts, was die Dunkelheit aktiv verbreitet. Dunkel ist nur da, wo wenig bis kein Licht ist.

Und unsere Aufgabe ist es also, Licht überall in unserer halbdunklen Welt zu verbreiten?

Ja, indem Ihr uns, unsere Kräfte herbeiruft.

Wenn alle Menschen Eure Tugenden lernen und annehmen würden, gäbe es dann die menschlichen Konflikte nicht mehr?

Wahrscheinlich nicht oder mindestens viel seltener.

Nun, der Besitzwunsch oder die Aggression ist immer beim Menschen vorhanden.

Nun überlege Dir doch einfach einmal, wie die Welt aussähe, wenn sie nur aus Menschen bestünde, die an uns glauben: Wegen des Karmas und der Wiedergeburten würden die Menschen anders leben. Wenn sie Mut und Vertrauen zu uns hätten und ihnen klar wäre, daß es auf das Geld gar nicht ankommt, würden sie nicht nach unnötigem Reichtum streben und sich auch nicht vor einem Angriff eines Nachbarstaates fürchten. Vieles wäre ganz anders, als es heute ist.

Aber wenn alle Menschen Eure Lehren beherzigen würden, wäre das nicht wieder eine langweilige, konfliktlose Welt mit weniger Entwicklungsmöglichkeiten?

Konflikte würden schon bleiben, aber nicht so schwere. Die Welt wäre dann weiter in ihrer Entwicklung und damit einer Erleuchtung näher.

Diese Erleuchtung, davon hörte ich schon einmal, ist das ein mögliches Ende der Welt?

So wird es gesehen. Wenn einmal alle Wesen ihre Erfahrungen in der verdichteten Materie abgeschlossen haben werden, dann findet ein Sprung der Erde in eine höhere Dimension statt, eine Vergeistigung oder Erleuchtung.

Aber wo sollen dann später geborene Geistwesen ihre Erfahrungen in der Materie machen?

Es wird noch genügend Möglichkeiten geben, denn auch eine erleuchtete Erde ist damit noch keine hohe Welt.

Kann ich diese Erfahrungen von Geistwesen in der Materie eigentlich mit den Initiationsprüfungen unserer Vorfahren vergleichen, die mit der Volljährigkeit stattfanden?

Das ist ein guter Vergleich: Junge Burschen mußten lernen und Initiationen erfahren, also ihnen bislang unbekannte Gefilde erkunden, um am Ende eingeweihte Krieger zu werden. Danach war so eine Initiation nicht erneut nötig, auch wenn sie möglich war. So kann man sich die Entwicklungswege gut vorstellen.

Zum Schluß will ich noch einmal auf die Sendung dieser Durchgaben kommen. Ihr hattet ja gesagt, daß Ihr Euch nur an Seelen wendet, die ihren Weg schon einen Gutteil gegangen sind.

Ja, diejenigen, die erst am Anfang stehen, können mit diesen Botschaften nichts anfangen.

Müssen sich die etwas fortgeschrittenen Seelen also danach richten?

Nein, sie sollen unsere Durchgaben zur Kenntnis nehmen und die Möglichkeit, daß es tatsächlich so ist oder so sein kann, mit in ihre Lebensplanung und Lebensführung einbeziehen.

Warum schreibt Ihr das nicht einfach vor?

Weil es keinen Zwang geben soll, sondern immer die eigene, freie Entscheidung maßgeblich bleiben muß.

Also bleibt es zuerst ein unverbindliches Angebot, mehr nicht?

Ja. Aber dieses Wissen wird dem einzelnen Menschen spätestens nach seinem Verlassen dieser Welt sehr nützlich sein, weil er nun ja schon Erklärungen für Dinge hat, die er erst nach dem Tode selbst wahrnehmen und erproben kann.

166

Ich lehrte immer, daß jede Vision, Offenbarung, Eingebung oder Botschaft aus der Jenseits- bzw. Götterwelt immer nur für denjenigen gilt, der sie empfangen hat. Wenn spirituelle Wesen andere Menschen belehren wollen, dann müssen sie sich direkt an diese andern Menschen wenden.

Das geht leider nicht so einfach. Die meisten Menschen, denen wir etwas sagen könnten, können solche Durchgaben nicht empfangen, weil sie noch zu sehr in der Materie gefangen sind und unsere Welt kaum wahrnehmen.

Also braucht Ihr offenbar doch bestimmte Mittler?

Ja, und Du bist einer davon, weil es eine Priesteraufgabe ist.

Wie sieht es mit Fehlern aus, die ich beim Hören und Schreiben machen kann, die das eigene Unterbewußtsein bewirkt, wie sieht es mit der Verantwortung aus, die ich habe, falls Menschen durch einen Fehler von mir ihr Leben falsch ausrichten?

Fehler zu machen ist menschlich. Mögliche Fehler, die sich auf das Leben der Leser dieser Durchgaben auswirken, stehen nicht in Deiner Verantwortung; jeder Mensch hat den Verstand und kann daher selbst entscheiden, was er für sein Leben übernehmen will, und was nicht. Auch die Leser sind davon nicht freigestellt.

Leider haben sie ja nicht die Möglichkeit, zu überprüfen ob es sich wirklich um Eure Botschaften handelt. Wenn ich erzählen würde, wie ich die von Euch verwendeten Gedanken-Bilder und Gefühle empfing, daß mir Eure Eingebungen wie ein Diktat zuteil wurden, so daß ich manchmal mit dem Tippen nicht nachkam, dann hilft das den Lesern nicht dabei, die Glaubwürdigkeit zu überprüfen. Was also können die Menschen tun, um diese Botschaften einzuordnen?

Wir Götter lehren seit Anbeginn der Zeiten immer dasselbe, da unsere Welten auch ewig fortbestehen. Sie wachsen, es findet weiterhin die Erschaffung neuer Welten statt, aber im Prinzip bleiben sie und die herrschenden Gesetzmäßigkeiten gleich. Wenn Ihr also unsere Aussagen hier in diesem Buch mit den Aussagen von uns aus alten Überlieferungen vergleicht, dann sollte es keine wesentlichen Unterschiede geben.

Aber kleinere Unterschiede doch?

Ja, einfach weil die Überlieferer auch nur Menschen waren und kleinere Fehler machten.
Und es besteht die Möglichkeit, das hier Gesagte mit eigenen spirituellen Erlebnissen und Erfahrungen oder mit solchen Er-fahrungen anderer aus dem Freundes- und Bekanntenkreis zu vergleichen. Lassen sich derartige Erlebnisse, die viele Men-schen schon gemacht haben, mit dem vereinbaren, was wir of-fenbart haben oder gibt es Widersprüche. So läßt sich der Wahr-heitsgehalt unserer Botschaften verifizieren.

Liebe Götter und Göttinnen, ich bin traurig, wenn Ihr mich nun wieder verläßt und Euch in Eure Lichtwelten zurückzieht, und ich glaube, auch die Leser werden traurig sein.

Ihr wißt, daß wir nie ganz fort sind und Ihr uns immer rufen könnt. Vertraut auf uns.

Vielen Dank für Eure Eingebungen. Heil auf Euren Wegen!